中等职业教育课程改革创新示范精品教材

汽车概论

（第2版）

主　编　许崇霞　张云鹏
副主编　马亚男　张晓亮　卞　霞

北京理工大学出版社
BEIJING INSTITUTE OF TECHNOLOGY PRESS

内容简介

本书是根据教育部最新颁布的中等职业学校教学大纲规定的课程教学目标和内容要求编写而成。内容包括汽车工业发展史、汽车的概念与分类、汽车公司与车标、汽车基本结构及工作原理、汽车的使用、汽车选购、汽车文化七个话题。本书突出中职教学特色，着眼于实际，具有很强的可读性，可用于中等职业院校学生学习和提高能力。

版权专有 侵权必究

图书在版编目（CIP）数据

汽车概论 / 许崇霞，张云鹏主编 . —2 版 . —北京：北京理工大学出版社，2023.8 重印

ISBN 978-7-5763-0316-2

Ⅰ.①汽⋯　Ⅱ.①许⋯②张⋯　Ⅲ.①汽车—中等专业学校—教材　Ⅳ.① U46

中国版本图书馆 CIP 数据核字（2021）第 184695 号

出版发行 /	北京理工大学出版社有限责任公司
社　　址 /	北京市海淀区中关村南大街 5 号
邮　　编 /	100081
电　　话 /	（010）68914775（总编室）
	（010）82562903（教材售后服务热线）
	（010）68944723（其他图书服务热线）
网　　址 /	http://www.bitpress.com.cn
经　　销 /	全国各地新华书店
印　　刷 /	定州市新华印刷有限公司
开　　本 /	889 毫米 × 1194 毫米　1/16
印　　张 /	12
字　　数 /	245 千字
版　　次 /	2023 年 8 月第 2 版第 2 次印刷
定　　价 /	43.00 元

责任编辑 / 陆世立
文案编辑 / 陆世立
责任校对 / 周瑞红
责任印制 / 李志强

图书出现印装质量问题，请拨打售后服务热线，本社负责调换

前言

近年来，我国汽车工业发展迅速，已经成为我国国民经济的支柱产业。据中国汽车工业协会统计，2020年，我国汽车产销量分别达2 522.5万辆和2 531.1万辆，连续十二年蝉联全球第一。汽车作为一种交通工具，已经得到广泛的普及，并形成了一个庞大的汽车后市场。这个市场需要大批熟悉汽车专业的人才从事相关工作，这也是大多数职业院校开设汽车类专业的原因。

对汽车类专业而言，通常把"汽车概论"课程作为专业知识学习的基础课程，通过该课程的学习，可以让学生大体了解汽车类专业所学内容，还可有效地激发学生的学习热情，并促使学生自此开始关注汽车工业的发展动态和相关信息的收集，促进后续专业课程的学习。

本书的编写是为了满足中等职业技术院校培养汽车检测与维修技术专业技术应用型人才的需要。本书全面系统地介绍了汽车工业发展史、汽车的概念与分类、汽车公司与车标、汽车基本结构及工作原理、汽车的使用、汽车选购、汽车文化。本书内容简洁、图文并茂，将知识性和趣味性融为一体，通俗易懂、好学实用，可作为中等职业教育汽车类专业相关课程的教材或教学参考书，也可作为从事汽车行业的相关人员及汽车爱好者的学习参考书。

本书由日照职业技术学院许崇霞、张云鹏总体策划内容框架、设计样章。话题一和话题五由日照市机电工程学校张晓亮编写，话题二由日照市科技中等专业学校牛伟、张力元合作编写，话题三由日照市科技中等专业学校马亚男编写，话题四由日照市机电工程学校胡兆君和许崇霞合作编写，话题六由日照市机电工程学校胡兆君编写，话题七由日照市海洋工程学校卞霞编写。全书由许崇霞、张云鹏统稿，由日照职业技术学院王娜娜审稿。

在教材的编写过程中，还得到了有关教育部门、劳动和社会保障部门的大力支持，在此表示衷心的感谢！同时恳切希望广大读者提出宝贵的意见和建议，以便修订时加以完善。

目录

话题一　汽车工业发展史 ··· 1
　　探寻一　机动车诞生之前的乘用工具 ··· 1
　　探寻二　机动车的诞生追寻 ·· 6
　　探寻三　世界汽车工业发展历程 ·· 16
　　探寻四　我国汽车工业发展历程 ·· 27

话题二　汽车的概念与分类 ·· 35
　　探寻一　汽车的概念 ·· 35
　　探寻二　我国的汽车分类 ·· 40
　　探寻三　我国汽车产品型号的编制及车辆识别代码 ································· 48

话题三　汽车公司与车标 ··· 53
　　探寻一　国外汽车公司及车标 ·· 53
　　探寻二　中国汽车公司及车标 ·· 76

话题四　汽车基本结构及工作原理 ··· 85
　　探寻一　汽车发动机 ·· 85
　　探寻二　汽车底盘 ··· 99

话题五 汽车的使用 112
探寻一 汽车车身基本结构认识 112
探寻二 汽车主要操纵机构的认识与使用 121
探寻三 汽车日常检查与常规保养 132

话题六 汽车选购 141
探寻一 购买新车 141
探寻二 二手车选购 148
探寻三 上牌 156

话题七 汽车文化 161
探寻一 交通标志与标线 161
探寻二 赛车运动 169
探寻三 传奇的赛车手 175
探寻四 汽车展览 180

参考文献 186

话题一

汽车工业发展史

汽车工业经历了漫长的萌芽和发育时期，汽车诞生于欧洲，以大规模生产为标志的汽车工业的形成则是在美国，以后又扩展到欧洲、日本直至世界其他地区。汽车的发展经历了人畜运输→非机动车→机动车初探→蒸汽汽车→内燃机汽车→新能源汽车→智能互联汽车等历史阶段。

通过本章的学习，了解汽车的发展历程，认识世界汽车工业的现状，熟知中国汽车工业的发展与现状。

探寻一　机动车诞生之前的乘用工具

情景引入

汽车的发明和发展经历了漫长的历程，经过了无数发明家、科学家的努力，绝非一人所为、一日之功。人类在经历了漫长的步行时代后，发明了轮子。轮子的出现改变了人们的出行方式，推动了运输工具的跨越发展。从人力的拉车到后来的畜力拉车，不仅体现了劳动人民的智慧，也为蒸汽时代的到来打下了基础。

探寻目标

- 知识目标

了解汽车诞生之前的乘用工具。

- 技能目标

1. 培养较强的探寻问题并归纳总结的能力。
2. 强化汇报沟通的能力。

- 情感目标

通过探寻汽车诞生的历程,满足学生的求知欲和好奇心。

相关知识

一、人力运输

人类起源于公元前5000年左右,当时没有运输工具,全靠手提、头顶、肩扛和背负完成(见图1-1-1、图1-1-2)。

图1-1-1 肩扛运输

图1-1-2 头顶运输

二、畜力运输

公元前5000—公元前4000年左右,人类驯服马、牛来驮运物品(见图1-1-3),北欧使用鹿拉的雪橇(见图1-1-4)。

图1-1-3 畜力运输

图1-1-4 鹿拉雪橇

三、车轮的发明

公元前 4000 年左右，美索不达米亚（Mesopotamia，古巴比伦的所在地，今叙利亚东部和伊拉克境内，世界四大文明发源地之一）发明了车轮。车的发明始于车轮，它使滑动摩擦变为滚动摩擦，车轮的演变推动了汽车的发展（见图 1-1-5）。

图 1-1-5　车轮的演变

四、非机动车诞生

公元前 3300 年，古巴比伦的苏美尔已出现战车（见图 1-1-6）。中国是世界文明古国，公元前 2697 年，传说轩辕黄帝造车。轩是古代一种有帷幕而前顶较高的车；辕是车的基本构件，是指车前驾牲畜的两根横木。公元前 2207—公元前 1766 年，我国出现了辁，这是一种没有轮辐的车（见图 1-1-7），木制车轮上固定上了横木，可防止木纹裂开，后来又出现了各种有辐条的车（见图 1-1-8）。公元前 1000 多年前，我国的甲骨文中，已出现象形文字"车"（见图 1-1-9）。公元前 770 年—公元前 249 的春秋时代，我国出现古代战车（见图 1-1-10）。战国时期规模最大的车马坑（见图 1-1-11）。

图 1-1-6　苏美尔战车

图 1-1-7　没有轮辐的车

图 1-1-8　有轮辐的车

图 1-1-9　商代"车"字

图 1-1-10 春秋时代战车复原

图 1-1-11 战国车马坑

知识库

秦始皇陵铜车马

马车的历史极为久远,从公元前700多年一直到19世纪汽车诞生之前,马车一直是城市交通的主要工具。

秦始皇陵铜车马(见图 1-1-12)由 30 000 多个零件组装而成,用了铸造、镶嵌、焊接、铆接以及子母扣连接等十几种工艺手法。所有窗板均镂空铸成菱形花纹小孔,具有通风保温的作用。马络头装饰的璎珞采用青铜拔丝法,直径只有 0.3~0.5mm。秦始皇陵铜车马代表了我国当时铸造技术、金属加工和组装工艺的高超水平。公元 13 世纪左右,中国高超的马车制造技术通过丝绸之路传到欧洲。

图 1-1-12 秦始皇陵铜车马

记里鼓车

记里鼓车(见图 1-1-13)是利用齿轮原理,由车轮带动大小不同的一组齿轮,使车轮走满一里时,其中一个齿轮刚好转动一圈,该轮轴拨动车上木人打鼓或击钟,报告行程,被誉为汽车里程表和减速装置的先驱。

指南车

指南车(见图 1-1-14)的车上立一个木人伸臂南指,一开始行车木人的手臂如果向南指,此后不管车向东或向西转弯,由于齿轮系的作用,木人的手臂始终指向南方。

图 1-1-13 记里鼓车

图 1-1-14 指南车

独轮车

公元前1世纪，中国人发明了独轮手推车（见图1-1-15），而西方使用独轮车要比中国晚1 200年，独轮车能在极其狭小的路面行驶，比用肩膀挑担省力。公元3世纪，三国时代的诸葛亮发明"木牛流马"，用在崎岖的栈道上运送军粮，且"人不大劳，牛不饮食"。

公共马车

19世纪英国伦敦的公共马车（见图1-1-16）。

图1-1-15 独轮车

图1-1-16 公共马车

拓展提升

一、拓展任务

人类在经历了漫长的步行时代后，发明了轮子。轮子的出现改变了人们的出行方式，推动了运输工具的跨越发展。汽车工业的发展，从车轮上所使用的轮胎变化，也能窥见一斑。我们可以通过研究轮胎新技术的发展及应用，来拓展我们的相关知识。

二、拓展训练

1. 轮胎将向着怎样的趋势发展？
2. 新型轮胎有哪些特性？

探寻反思

探寻完本次课程后，您有何感想，请填写下表。

机动车诞生之前的乘用工具
一、学习目标：这节课的学习达到您期望的水平了吗？您满意吗？

续表

二、学习内容：本次探寻有哪些问题没有解决？为什么？或者让您觉得不足的地方在哪里？
三、学习过程：本次探寻中有哪些精彩瞬间，您最满意的地方或者让您最兴奋的地方在哪里？
四、学习方法：如果让您重新探寻本次课程，您会怎样学习？有什么新想法吗？

探寻二 机动车的诞生追寻

情景引入

汽车同其他现代高级复杂工具如计算机等一样，并非哪一个人发明出来的，发明之初的汽车也并非是现在看到的样子，汽车的发展有一个漫长的过程。总的来说，汽车的发展经历了机动车的萌芽、蒸汽汽车的诞生、内燃机汽车、汽车量产化、汽车产品多样化和汽车产品低价格时期以及向发展中国家转移等阶段。

探寻目标

• **知识目标**

了解汽车发明的历程。

• **技能目标**

1. 培养较强的探寻问题并归纳总结的能力。
2. 强化汇报沟通的能力。

• **情感目标**

通过探寻汽车发明的历程，满足学生的求知欲和好奇心。

相关知识

一、机动汽车发明的萌芽

自古以来，人们就一直探索各种能取代人力和畜力的交通工具。我国唐代天文学家僧一行（原名张遂，683—727年），第一个提出"激铜轮自转之法，加以火蒸汽运，名曰汽车"。他是世界上汽车设想的第一人。

15世纪，意大利文化巨匠、著名科学家达·芬奇，经过长期的冥思苦想，注意到发条既可积蓄能量，又能慢慢地释放能量的特点。他根据这个道理，绘制出以发条为动力并有传动机构的车辆草图（见图1-2-1），这是世界上第一个自行驱动汽车的设计。但达·芬奇仅仅提出了设想，可惜未经试制。

1649年，德国的钟表匠汉斯·赫丘根据达·芬奇的设计图，成功试制了一辆依靠发条驱动的四轮车（见图1-2-2），其行驶速度达1.6km/h，每走230m就要把钢制发条卷紧一次。该车相当于现在的小孩玩具，在当时是一件稀世珍宝，被瑞典王子卡尔·古斯塔夫用重金购买收藏。

图1-2-1 发条汽车

图1-2-2 发条驱动的四轮车

1600年，荷兰物理学家西蒙·斯蒂芬制造了双桅风力帆车（见图1-2-3），他把木轮装到车上，凭借风力驱动帆车行进，行驶速度达24km/h。但是该车有一定的缺点，即没有风，车就不能开动，况且风和道路的方向会不断变化，是一辆"不听话的汽车"。

图1-2-3 双桅风力帆车

二、蒸汽汽车的发明

1. 蒸汽机的发明

1629年，意大利工程师乔凡尼·白兰卡发明了利用蒸汽冲击风轮旋转的机器，这是冲动式汽轮机的雏形（见图1-2-4）。

1668年，比利时传教士南怀仁（康熙皇帝的数学老师）在北京成功制造一辆蒸汽射流式的蒸汽汽车（见图1-2-5）。车身中安装一个煤炉，加热水，在一定温度和压力下，使水蒸汽喷射，推动叶轮旋转，从而带动车轴转动，推动汽车前进。

图1-2-4　冲动式汽轮机原理

图1-2-5　蒸汽射流式蒸汽汽车

1712年，英国工程师托马斯·纽柯门综合前人经验，成功制造出第一台实用蒸汽机（见图1-2-6）。蒸汽通入汽缸后推动活塞上行，接着在气缸内部喷水使它冷却，造成气缸内部真空，气缸外的大气压力推动活塞向下，再通过杠杆、链条等机构带动水泵活塞提升做功。

1769年，英国的詹姆斯·瓦特与博尔顿合作，成功改进托马斯·纽柯门蒸汽机，并研制出装有冷凝器的单动式蒸汽机（见图1-2-7），比纽柯门的蒸汽机节约煤75%。1774年11月，他俩又合作制造了真正意义的双作用式蒸汽机。恩格斯评价为"蒸汽机是第一个真正国际性的发明"。

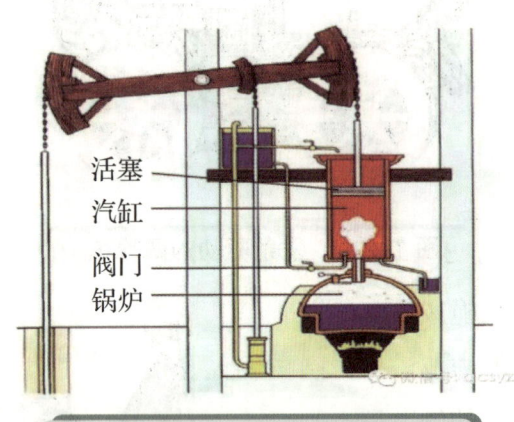

图1-2-6　纽柯门蒸汽机

图1-2-7　单动式蒸汽机

2. 蒸汽汽车的发明

1769年，法国炮兵大尉尼古拉斯·古诺奉命研制大炮的牵引车，研制出第一辆蒸汽三轮汽车（见图1-2-8），该车前面支撑着一个梨形大锅炉，后边有两个气缸，锅炉产生的蒸汽送进气缸，推动气缸里面的活塞上下运动，再通过曲柄把动力传给前轮驱动车辆前进，时速4km/h左右，这是世界上第一辆机动车。

图1-2-8　第一辆蒸汽三轮汽车

1804年2月英国工程师理查德·特里维希克在仔细研究瓦特蒸汽机的基础上，设计制造了世界上第一台实用性轮轨蒸汽机车——"旅行"号蒸汽机车（见图1-2-9）。由此，理查德·特里维希克成为把瓦特蒸汽机技术应用于铁路牵引动力的第一人。

1805年，美国的奥利弗·埃文斯制造了水陆两用蒸汽汽车（见图1-2-10），并申请了专利。该车下面有4个轮子，后面还有一个蹼轮，既可以在陆地靠车轮行走，又可以在水里靠蹼轮驱动，成为现代水陆两用汽车的先驱。

图1-2-9 "旅行"号蒸汽机车

图1-2-10 水陆两用蒸汽汽车

1825年，英国的G. Guthey公爵制造了世界上第一辆正式运营的蒸汽公共汽车（见图1-2-11），18座，时速19km/h。该车发动机后置后轴驱动，前轴采用专用转向轴设计，使前面两个轮不承担车重，转向轻松自如。

1833年4月，英国人Waltel. Hancock制造"企业"号蒸汽汽车（见图1-1-12），并成立了世界上最早的公共汽车运输公司，该车可承载14名乘客，速度可达32km/h。

图1-2-11 蒸汽公共汽车

图1-2-12 "企业"号蒸汽汽车

由于蒸汽汽车笨重、转向不灵敏、事故多、污染大、起动困难以及热效率低等原因，人们一直在探索新的汽车动力源，内燃机汽车就是研究的新成果。

三、内燃机的诞生

内燃机的发明是从往复活塞式开始的。这种内燃机的工作原理是：吸入空气和燃料，压缩并点燃混合气燃料燃烧做功，排出燃烧后生成的废气，所有这些步骤均是按照一定的行程顺序连续进行的。

1. 煤气发动机的发明

最早提出内燃机设想的是荷兰物理学家克里斯蒂安·惠更斯。1673—1680 年，他首先提出了真空活塞式火药内燃机的方案（见图 1-2-13），即利用火药燃烧的高温燃气在缸内冷却后形成的真空，使大气压推动活塞做功，虽屡次试验都失败了，但为后来内燃机的问世奠定了基础。

1794 年，英国发明家罗伯特·斯特里特首次提出了把燃料和空气混合制成一定比例的混合气体以供燃烧的设想，这个构想至今都在汽车运用。

1933 年，英国人 W.L. 莱特提出了直接利用燃烧压力推动活塞做功的设计，并且有记录的第一个水套气缸概念也是由他提出的。

1860 年，法国工程师雷诺尔制成了用电火花点燃煤气和空气混合物的煤气发动机（见图 1-2-14）。

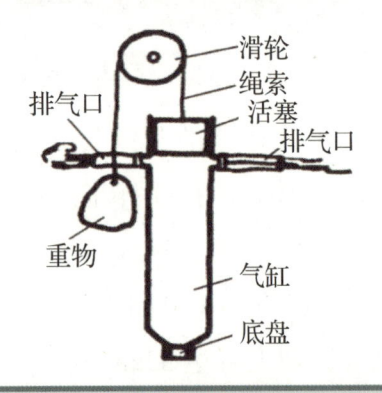

图 1-2-13　火药内燃机方案

图 1-2-14　煤气机发动机

1861 年，法国工程师德罗沙提出了著名的内燃机四冲程理论，即活塞在气缸中上下移动四次，完成进气、压缩、做功和排气一个循环，可以有效提高热效率。100 多年来的往复式汽车发动机，都是采用四冲程原理。

1876 年，德国人尼古拉斯·奥古斯特·奥托（见图 1-2-15），成功制作了一台往复活塞式、单缸、卧式、四冲程气压煤气发动机（见图 1-2-16），后经过改进，于 1878 年在法国举办的国际展览会上展出了他制作的样品，并获得了金奖。后来他的煤气机取得了商业性的成功。

图 1-2-15　尼古拉斯·奥古斯特·奥托

图 1-2-16　煤气发动机

奥托四冲程发动机于 1877 年 8 月 4 日获得德国专利，然而奥托却在 1886 年主动放弃该专利，使得任何人都可以分享他的成果，由于第一个研制出这种内燃机的人是奥托，所以后来人们一直把四冲程循环称为奥托循环原理。

2. 汽油发动机的诞生

汽油机是以汽油为燃料的发动机，汽油较之煤气，体积小得多，更适合交通工具的使用。

1864 年，德国人马尔库斯在一次研制装饰灯时，偶然发现石油炼制后的汽油在汽化后有很大的爆发力，于是开始制造汽油发动机。

1875 年，美国的乔治·布雷顿研制了一种预压式发动机，以轻质油作为燃料，被认为是第一台实用、安全的液体燃料发动机。

1883 年 8 月 15 日，德国工程师戴姆勒和威尔赫姆·迈巴赫根据奥托发动机的模型，制成了今天汽车用发动机的原型——高压点火卧式汽油机，并于同年 12 月 16 日获得了德意志帝国汽油发动机的专利。

1884 年 5 月，戴姆勒把卧式汽油机改制成体积尽可能小的立式汽油机（如图 1-2-17 所示），并于 1885 年 4 月 3 日取得了立式汽油机的专利。这台立式汽油机取名"立钟"。戴姆勒的立式汽油机重量轻、转速高，压缩比为 3，并首先在汽油机上应用了化油器。戴姆勒把它装在两轮自行车上，制成世界上第一台摩托车（见图 1-2-18），于 1885 年 8 月 25 日获得德国专利，成为世界摩托车的鼻祖，而迈巴赫则成为第一位摩托车手。

图 1-2-17　立式内燃机

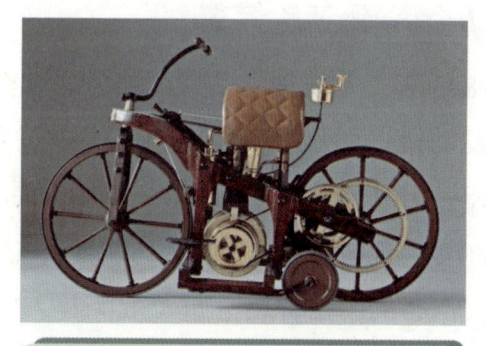

图 1-2-18　戴姆勒摩托车

3. 柴油发动机的诞生

柴油机是以柴油为燃料的发动机。它采用压缩燃烧方式，热效率比汽油机高。

1890 年，德国工程师狄塞尔受面粉厂粉尘爆炸的启发，第一个提出压燃式内燃机原理，于 1892 年 2 月 27 日取得了专利，并在 1893 年造出样机（见图 1-2-19）。1898 年投入商业性生产，热效率达 26%，比汽油机高得多，这是一项震惊世界的卓越发明，狄塞尔为此获得了"人类最伟大的发明"金银纪念币奖。

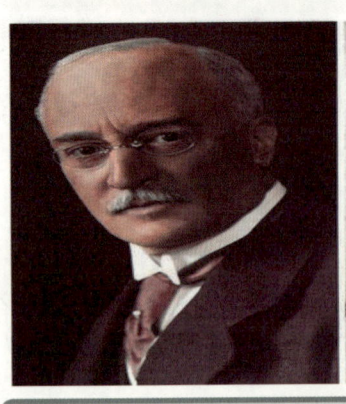

图 1-2-19　狄塞尔和他的柴油原型机，分别于 1893 年、1896 年制造

柴油机在 1898 年被首先用于固定式动力上。1902 年开始用于商船动力，1904 年装在了海军舰艇上。1912 年第一台柴油机车研制成功，1920 年应用于汽车及农业机械。

早期的柴油机均系四冲程，1899 年德国工程师雨果·古尔德纳成功地制造出了二冲程发动机，它可以把采用相同气缸的四冲程柴油机的功率提高 60%~80%。1936 年美国通用汽车公司使用的小功率柴油机都采用二冲程型式。

四、内燃机汽车的诞生

世界上第一辆汽车是由卡尔·本茨（1844—1929）于 1886 年 1 月 29 日发明的，为纪念这一历史时刻，这一天被称为现代汽车诞生日。

1. 第一辆三轮汽车

1883 年，本茨创立了"奔驰公司和奔驰莱茵发动机厂"，试制出世界上最早的空气压缩打火发动机。两年后，他成功地将燃气发动机改为汽油发动机，并将它安装在一辆三轮车上。1885 年 10 月，世界上第一辆由汽油发动机驱动的三轮汽车终于诞生了。这辆三轮车后来被称为"奔驰 1 号"（见图 1-2-20）。其采用一台两冲程单缸 0.9 马力的汽油机，此车具备了现代汽车的一些特点，如火花点火、水冷循环、钢管车架、钢板弹簧悬架、后轮驱动、前轮转向和制动把手。但该车的性能并不十分完善，行驶速度、装载能力、爬坡性能也不十分如意，而且在行驶中经常出故障。

1888 年 8 月，本茨的夫人带领两个儿子驱车实验，他们从曼海姆出发，途经维斯洛赫添油加水，直驶普福尔茨海姆的娘家，全程 144km。因此，本茨的夫人成为历史上第一位女驾驶员（见图 1-2-21），而维斯洛赫成为历史上第一个汽车加油站。

因为这种车能自己行走，所以人们用希腊语中 Auto（自己）和拉丁语中的 Mobile（会动的）构成复合词来解释这种类型的车，这就是 Automobile（汽车）一词的由来。本茨发明的第一辆三轮汽车是世界上最早的汽车雏形，这辆汽车被收藏在德国的奔驰汽车博物馆内。

图 1-2-20　卡尔·本茨与"奔驰 1 号"

图 1-2-21　本茨夫人与"奔驰 1 号"

2. 第一辆四轮汽车

1886 年，戈特利布·戴姆勒（1843—1900）（见图 1-2-22），将立式发动机安装于马车上，戴姆勒首辆马车式汽车——戴姆勒 1 号诞生，即第一辆四轮汽车（见图 1-2-23）。这和本茨的专利汽车难分先后，后人把他和本茨一起被誉为"汽车之父"。

图 1-2-22　戈特利布·戴姆勒

图 1-2-23　戴姆勒第一辆四轮汽车

知识库

新能源汽车的发明

新能源汽车是 21 世纪的产物吗？不，上个世纪初已经有了！不信？让我带你探寻新能源汽车悠远的历史吧！

第一阶段：19 世纪中期，电动汽车开始步入历史舞台。

1881 年，第一辆电动汽车由法国人 Gustave. Trouve 制造问世，它采用铅酸蓄电池供电的三轮纯电动汽车（见图 1-2-24），速度 15km/h，续航里程 16km。也是就说在燃油汽车出现之前，纯电动汽车就已经开始应用。1900 年，欧美出售的 4 200 辆汽车中，

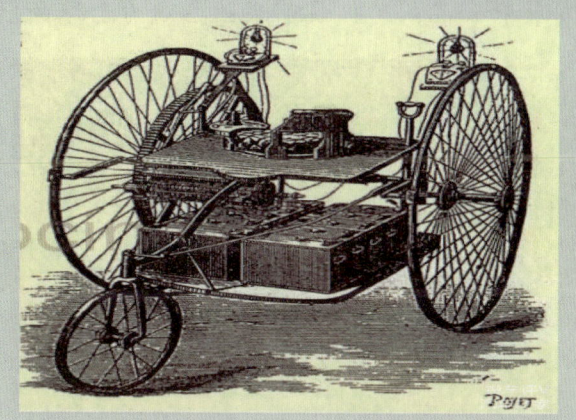

图 1-2-24　世界上第一辆纯电动三轮汽车

40%是蒸汽机车，38%是电动汽车，剩下的22%才是燃油汽车。当时燃油车还在用外燃机技术，开起来噪声大，而且冒着黑烟，对于欧洲上层消费者来讲并不是首选。

第二阶段：20世纪初期，内燃机的发展，让纯电动汽车退出市场。

随着发动机技术发展，以及生产技术的提高，燃油车（见图1-2-25）在这一阶段形成了绝对的优势。而电动汽车充电的不便性，这阶段纯电汽车退出了市场。

第三阶段：20世纪60年代，石油危机使人们又重新重视纯电动汽车。

由于石油危机的出现，人们开始反思日益严重的环境问题，使人们重新审视纯电动汽车。受到资本的推动，在那十几年里，电动汽车的驱动技术有了较大的发展，纯电动汽车受到了越来越多的关注，小型电动汽车开始占据固定的市场，如高尔夫球场代步车（见图1-2-26）。

图1-2-25　20世纪初风靡世界的燃油车

图1-2-26　高尔夫球场代步车

第四阶段：20世纪90年代，电池技术滞后，电动汽车制造商改变发展方向。

由于电池技术发展滞后，一直没有重大的突破，使电动汽车制造商面临巨大的挑战。汽车制造商在市场压力下，开始研发混合动力汽车（见图1-2-27），以克服电池和续航里程短的问题。

第五阶段：21世纪初期，电动汽车开始大规模应用。

由于电池密度的提升，电动汽车的续航水平也以每年50km的速度提升，电机的动力表现已经不弱于一些低排量的燃油车（见图1-2-28）。我国更是大力推进新能源汽车技术发展和产品落地，目前我国已成为全球新能源汽车保有量、产量最高的国家。

图1-2-27　90年代混动代表——丰田普锐斯

图1-2-28　特斯拉纯电动汽车

拓展提升

一、拓展任务

从第一辆汽车问世至今，已有130多年了，无论是从车身造型还是从动力源或是底盘、电器设备来讲，都有了翻天覆地的变化。其中汽车造型被注入了设计师的灵魂，成为一种艺术，并被应用到大众消费品中，将艺术美感融入了我们的日常生活。

二、拓展训练

1. 汽车车身外形经历了怎样的发展历程？
2. 现代汽车造型设计的特点是怎样的？

探寻反思

探寻完本次课程后，您有何感想，请填写下表。

机动车的诞生追寻
一、学习目标：这节课的学习达到您期望的水平了吗？您满意吗？
二、学习内容：本次探寻有哪些问题没有解决？为什么？或者让您觉得不足的地方在哪里？
三、学习过程：本次探寻中有哪些精彩瞬间，您最满意的地方或者让您最兴奋的地方在哪里？
四、学习方法：如果让您重新探寻本次课程，您会怎样学习？有什么新想法吗？

探寻三 世界汽车工业发展历程

情景引入

汽车自1886年诞生以来，已经走过了风风雨雨的100多年。卡尔·本茨造出的第一辆三轮汽车时速18km，现在已有了从速度为零到加速100km/h只需要三秒多一点的超级跑车。这100多年，汽车发展的速度是如此惊人。

汽车的不断改进和汽车工业的不断发展，极大地改变了人类生活。汽车工业和汽车技术得以发展，一部汽车发展史可用百年中发生的一些重要事件来表达。各个国家的地域与文化的差异很大，造就了各国汽车设计风格的迥然不同，和各自独有的特点。

探寻目标

• 知识目标

了解世界汽车工业发展历程。

• 技能目标

1. 培养较强的探寻问题并归纳总结的能力。
2. 强化汇报沟通的能力。

• 情感目标

通过探寻各国汽车工业的发展历程，满足学生的求知欲和好奇心。

相关知识

一、德国汽车工业

德国是现代汽车的发祥地，是汽车生产历史最悠久的国家。自从1886年卡尔·本茨发明第一辆汽车至今，德国的汽车工业已经走过了130多年的发展历程。德国汽车工业的发展，经历了"发明实验""不断完善""迅速发展""高科技广泛应用"和"整合再发展"五个阶段。

1. 发明实验阶段（1886年—1910年）

19世纪70年代，正是西方第二次工业革命浪潮兴起的时候，德国在短短的30年里跻身于世界工业化的强国之列。这一时期，由于内燃机的发明和汽车的诞生，使当时德国的汽车厂纷纷涌现。

1886年，德国工程师卡尔·本茨取得了世界上第一辆三轮汽车的专利。

1890年，德国戴姆勒汽车公司创立。1901年，第一辆梅赛德斯轿车诞生（见图1-3-1），年产量96辆。

1894年，奔驰汽车公司开始生产威罗（Velo）牌汽车（见图1-3-2），至1899年累计生产了1 200辆，是当时第一款大量生产的汽车。

图1-3-1　第一辆梅赛德斯轿车

图1-3-2　威罗（Velo）牌轿车

2. 技术完善阶段（1911年—1940年）

德国的汽车工业到1914年第一次世界大战爆发时，已基本形成了一个独立的工业部门。尽管一战给德国的汽车工业发展带来了不利的影响，但战争结束以后，德国人仅用了10年左右的时间就大大超过了战前的繁荣。

1926年奔驰汽车公司与戴姆勒汽车公司合并正式成立戴姆勒-奔驰汽车公司（见图1-3-3），以生产豪华轿车闻名。

1938年5月26日，大众汽车公司诞生。第二年，大众车在柏林汽车博览会上参展。美国《时代》周刊记者讥讽它是"Beetle"，大众因此而得名"甲壳虫"（见图1-3-4）。

图1-3-3　奔驰与戴姆勒合并后车标的演变

图1-3-4　甲壳虫

到第二次世界大战爆发前，德国的汽车工业已具有相当的基础，戴姆勒-奔驰、奥迪、大众等汽车公司均已形成一定的生产规模。

3. 迅速发展阶段（1941年—1960年）

第二次世界大战爆发后，德国的汽车工业转而成了军事工业的一部分，为战争服务。其中，奔驰公司主要负责研发和制造坦克的发动机以及装甲车和军用卡车（见图1-3-5），国家领导人专用的防弹汽车（见图1-3-6）也是奔驰公司生产。

图1-3-5 奔驰生产军用卡车

图1-3-6 奔驰制造的防弹车

第二次世界大战结束后，大部分汽车工厂都遭受重创，直到进入20世纪50年代，德国的汽车工业才真正进入了迅速发展时期。到1960年，德国的汽车年产量已达200万辆，成为欧洲最大的汽车生产国和出口国。

4. 高科技广泛应用（1961年—20世纪末）

从20世纪60年代开始，联邦德国的汽车工业继续以较高速度增长，许多现代科技被广泛应用于汽车工业，汽车生产开始进入一个成熟阶段。

1973年，德国大众汽车公司开发出高尔夫牌轿车，采用水冷四缸发动机，1.1L排量、前轮驱动、轻量化底盘、两厢、溜背式造型，内部空间宽敞，最高车速达到140km/h，由于性能良好，价格比较低廉，深受人们欢迎，在德国，几乎每个家庭都购买一辆高尔夫轿车（见图1-3-7）。

1996年，德国大众集团公司在汽车城沃尔夫斯堡市公司总部附近，兴建了汽车主题公园（见图1-3-8）。

图1-3-7 第一代高尔夫轿车

图1-3-8 沃尔夫斯堡汽车主题公园

5. 产业整合再发展阶段（20世纪末至今）

经过近十年的发展，德国汽车制造领域最终整合为三大巨头，分别是戴姆勒、大众和宝马。三家汽车公司垄断了全球21.8%的市场份额，德国年汽车出口额高达1 591亿美元，位居世界第一。在中国市场，德系车占领了中国市场的半壁江山，绝对是霸主级的存在。

德国汽车行业的特点：汽车生产高度专业化、集团化，生产和装配质量优良，汽车质量的信誉可靠。

汽车的特点：传统、沉静、工艺精细、造型严谨、耐用。

二、美国汽车工业

美国是车轮上的国家，汽车普及率居全球首位。美国既是全球最庞大的单一汽车市场，又是全世界汽车业最重要、竞争最激烈的地方。

19世纪末，美国的经济已经达到较高的水平，工业生产开始处于世界前列。奥兹莫比尔汽车公司成立于1887年，是美国历史最悠久的汽车制造厂商（见图1-3-9）。

1902年8月22日，凯迪拉克诞生于被誉为美国汽车之城的底特律。创立后的两个月，公司就推出了Model A型车，1903年纽约车展上，凯迪拉克Model A一炮而红，迅速开拓了市场（见图1-3-10）。凯迪拉克一向以机械部件优良著称，公司曾经有过把3辆汽车机械零部件整个打散，再重新混合组合成3辆汽车的纪录。这项创举旨在强调凯迪拉克的零部件的标准化及一致性。

图1-3-9 奥兹莫比尔公司生产的汽车

图1-3-10 凯迪拉克Model A车型

1903年6月16日，亨利·福特在底特律创办了福特汽车公司。1908年，福特开发了举世闻名的T型车，并首创了汽车大规模流水线生产方式（见图1-3-11），极大地提高了生产效率，生产的T型车（见图1-3-12）多达1 500万辆，这也使福特被称为"为世界装上轮子的人"。

图1-3-11 福特首个流水线

图1-3-12 福特T型车

1925年6月6日，美国第三大汽车制造厂商克莱斯勒汽车公司成立。

经过长期的竞争和兼并，美国汽车工业完全由通用汽车公司、福特汽车公司和克莱斯勒汽车公司三大汽车公司控制。

20世纪50年代美国最具特色的汽车是家庭式旅行车（Station Wagon），象征着郊区家庭的美好生活。这个时期的汽车造型有两大特色，一是车身的防撞设计，一是尾翅的流行。福特雷鸟汽车（见图1-3-13）曾是公司跑车的代言者。

进入20世纪60年代的美国汽车，迎来了新的设计风潮。一些价格合理的小跑车普遍受到欢迎。1964年福特野马跑车（见图1-3-14）率先掀起小型车的革命。

图1-3-13　福特雷鸟汽车

图1-3-14　福特野马跑车

20世纪70年代两次石油危机之后，经济省油的日本小型汽车大举进入美国。为与日本汽车进行竞争，美国汽车工业不断推出新造型汽车，如被称为小型箱式车（minivan）的客货两用轻型汽车（见图1-3-15）。

90年代，多功能车独领风骚，因为很多美国人喜欢既有载货和越野功能，又可以代步上下班的汽车。这种车就是我们熟悉的SUV和美式皮卡（见图1-3-16）。

图1-3-15　客货两用轻型汽车

图1-3-16　雪佛兰545

美国汽车行业的特点：美国汽车行业呈现出"三足鼎立"之势，通用、福特、克莱斯勒三大汽车公司垄断着全美90%以上的市场份额。

汽车的特点：宽敞舒适、注重安全、豪华气派、强劲有力、自由霸气、油耗高。

三、法国汽车工业

1888年，法国标致汽车公司成立，并发明了齿轮变速器和差速器。1890年，标致汽车公司生产出第一辆汽油汽车（见图 1-3-17）。

1915年，法国雪铁龙汽车公司成立，1919年5月，雪铁龙公司的A型车（见图 1-3-18）在法国魁德扎瓦投产，拉开了雪铁龙汽车的生产序幕。1948年，雪铁龙公司开发了0.375L排量的微型汽车，俗称"丑小鸭"（见图 1-3-19）。1949年至1990年间，累计生产500余万辆，与大众"甲壳虫"、英国的"MINI"，并称世界最著名的三大微型车。1976年，雪铁龙汽车公司因经营不善，被标致汽车公司收购，成为标致-雪铁龙汽车公司。

图 1-3-17 标致生产的第一辆汽油汽车

图 1-3-18 雪铁龙A型车

1898年，路易·雷诺三兄弟在布洛涅-比扬古创建雷诺汽车公司。它是世界上最悠久的汽车公司和世界十大汽车公司之一。1992年，雷诺推出"丽人行"微型车（见图 1-3-20），在巴黎车展上引起轰动，并在欧洲多次荣获销量第一。

图 1-3-19 雪铁龙"丑小鸭"

图 1-3-20 第一代"丽人行"

法国汽车的总体特点就是车体较小、设计新颖，符合大众化的方向，因此在西欧成为家庭轿车的热门。法国汽车工业的产品构成主要为乘用车，本土汽车厂商标致-雪铁龙集团和雷诺集团在汽车市场占主导地位。

四、英国汽车工业

1769年英国人瓦特发明蒸汽机，开启了第一次工业革命的序幕，同时开启了辉煌的英国的汽车工业。1857年诞生沃克斯豪尔、1877年诞生罗孚、1904年诞生劳斯莱斯、1919年诞生宾利、1922年诞生名爵、1922年诞生捷豹、1945年诞生路虎、1947年诞生路特斯、1959年诞生 MINI……英国的汽车工业曾经有过无比的辉煌。从20世纪20年代到50年代，一直保持着世界第二汽车生产大国的地位。但是，进入20世纪60年代以后，英国汽车产量位次不断后移，人们熟知的品牌，陆续被外国资本收购。

1904年，英国真正意义的第一辆汽车（见图1-3-21），诞生于当时世界最先进的考文垂的罗孚汽车工厂（见图1-3-22），它由艾德蒙德·李维斯（Edmund Lewis）设计，为单缸8马力式汽车，也是世界上第一辆具有中央底盘的汽车。2005年，作为最后一家本土资本汽车企业的罗孚，宣告破产，英国失去了自己的所有汽车企业。

图1-3-21　英国第一台罗孚汽车

图1-3-22　考文垂的罗浮汽车工厂

从汽车发明的一百多年里，英国车一直被认为是代表着汽车工艺的极致以及品位、价值、豪华、典雅这诸多词语在汽车上最完美的体现。极端守旧的"手工+奢华"路线，一方面造就了英国车无人能及的王者地位，另一方面也终于成为英国汽车工业衰落的最直接原因。

英国汽车行业的特点：生产厂变化大、产量小、名牌车生产厂多，被国外兼并厂多。

五、意大利汽车工业

意大利汽车设计居世界领先地位，拥有一批被世界公认的汽车设计大师，被称为汽车造型设计的圣地。意大利汽车工业拥有法拉利、阿尔法·罗密欧、玛莎拉蒂、蓝旗亚、兰博基尼等蜚声世界的汽车品牌，在跑车和赛车领域颇有建树。都灵汽车工业园区（见图1-3-23）是世界汽车工业领域中最重要的中心之一。

意大利仅有一家大型汽车制造商：菲亚特集团，旗下品牌包括菲亚特、蓝旗亚、法拉利（独立运营）、玛莎拉蒂、阿法尔·罗密欧。

2007年，菲亚特公司在菲亚特500诞生50周年之际，推出新款菲亚特500（见图1-3-24），被人称为"史上最美的微型车"。

图1-3-23　都灵汽车工业园区

图1-3-24　2007款菲亚特500

意大利汽车工业主要满足本国市场，在海外建立汽车制造厂规模不大，同时意大利本土也几乎没有国外汽车公司的组装厂。

六、日本汽车工业

1902年，一位21岁的日本青年内山三郎，打造了两台实验性的汽车Takuri（见图1-3-25），引擎取自美国车，车身则由内山三郎自己打造，这是日本历史上最早的本土汽车。

1914年，三菱重工制造了22台Modal A汽车（见图1-3-26），这是日本历史上第一款量产车型。Model A的外观借鉴了菲亚特A3-3。

图1-3-25 内山三郎和Takuri

图1-3-26 三菱重工制造的Modal A

1936年，日本政府通过有关的汽车工业法明确规定保护本土汽车业，到1939年，外国汽车制造商几乎被驱逐出日本。第二次世界大战爆发后，日本的汽车工业重心转向为军事服务的卡车制造。众所周知，如今享誉世界的几家日本汽车制造公司均有军工背景，以NISSAN（日产）为例，最早的品牌叫DAT，旗下含有日立等著名军工企业。

20世纪40年代，K-Car（见图1-3-27）诞生。K-Car译为中文就是"轻型汽车"的意思。现在，它已经从一种车型的分类，演变成了日本独有的汽车文化。那时第二次世界大战刚刚结束，日本为了迅速振兴工业并为小商贩提供更多交通上的便利，所以急需一款价格低廉的车型。

从20世纪50年代到60年代初，日本又刮起了"三轮车"旋风（见图1-3-28）。1953年，日本一跃成为全球摩托车第五大生产国。

图1-3-27 K-Car

图1-3-28 50年代日本的三轮车

20世纪60年代中期到70年代，日本汽车工业高速发展。1967年日本超过德国而成为第二大汽车生产国。

20世纪70年代的石油危机重创了欧美车商，却将推崇小排量车的日本汽车推上了世界汽车的舞台。1980年，日本汽车的产量首次突破1 000万辆大关，日本成为世界第一大汽车生产国。

自20世纪90年代末以来，经济泡沫被刺破，日本汽车工业进行了大幅度的兼并重组。日本汽车工业的大企业中，只有丰田汽车公司和本田汽车公司保持了"日系资本"的血统，其他企业加入了西方大跨国公司的行列。

日本因为国土面积小，资源与能源贫乏，所以日本汽车的总体特色是注重经济实用，更加追求良好的性价比，对于节约资源和降低石油消耗的造车理念让日本汽车先于欧美，成为节能、降耗的先行者。

七、韩国汽车工业

韩国的汽车工业萌芽阶段，起始于1944年成立的起亚汽车前身京城精密工业。

得益于韩国政府对汽车工业实行指导和扶持政策。自20世纪60年代起，韩国汽车工业沿着KD装配→零部件国产化→自主开发的发展道路，成功地实现技术跨越。

随着1990年第一辆由大宇自主设计的"王子"上市并在市场上取得了成功，韩国正式进入自主发展时代。

亚洲金融风暴之后，起亚被现代收购，双方开始资源整合。2007年，现代·起亚汽车集团成为世界第五大汽车生产集团。

知识库

世界汽车生产现状和发展趋势

截至2020年年末世界主要汽车市场中，美国汽车保有量为2.87亿，中国2.81亿，日本为0.85亿，德国0.46亿，意大利0.37亿，法国0.32亿，韩国0.23亿。2020年，全球汽车销量总计7 803万辆（见表1-1）。

表1-1 近年来各国汽车销量份额

全球汽车	份额 2018年	份额 2019年	份额 2020年	年销量-万台 2018年	年销量-万台 2019年	年销量-万台 2020年	增速-% 2018年	增速-% 2019年	增速-% 2020年
总计	100.0%	100%	100%	9 335	8 981	7 803	2%	-4%	-13%
中国	30.0%	28.7%	32.4%	2 799	2 575	2 527	0%	-8%	-2%
美国	19.1%	19.6%	19.2%	1 782	1 758	1 495	-1%	-1%	-15%
日本	5.6%	5.8%	5.9%	526	519	459	6%	-1%	-11%
德国	4.0%	4.4%	4.1%	376	396	322	3%	5%	-19%
印度	4.7%	4.2%	3.8%	440	382	294	20%	-13%	-23%
法国	2.9%	3.1%	2.7%	268	274	210	9%	2%	-23%

续表

全球汽车	份额 2018年	份额 2019年	份额 2020年	年销量-万台 2018年	年销量-万台 2019年	年销量-万台 2020年	增速-% 2018年	增速-% 2019年	增速-% 2020年
巴西	2.7%	3.1%	2.6%	257	279	206	25%	9%	-26%
英国	2.9%	3.0%	2.5%	273	268	193	-11%	-2%	-28%
韩国	1.9%	2.0%	2.4%	181	178	187	-1%	-1%	5%
俄罗斯	1.9%	2.0%	2.0%	180	176	160	26%	-2%	-9%

一、世界汽车生产现状

1. 汽车产业高度全球化

随着经济全球化、新技术革命和产业结构的调整，汽车生产国际化趋势已经越来越明显，主要表现在生产经营国际化、产品国际化、市场国际化、资本国际化、技术合作国际化等几个方面。

2. 市场成为决定汽车工业发展的关键因素

当今世界汽车工业已形成足够大的规模，生产能力、技术水平都可以满足各种需求，真正主宰汽车产业发展方向和速度的关键就是市场。

3. 世界汽车销售市场的重心正在东移

近十多年来，亚太地区一直是世界经济发展最快的地区，亚洲已经成为汽车最大的目标市场，及众多汽车厂商争夺的焦点。许多跨国公司都把发展和开拓亚洲市场作为自身发展的战略之一。

4. 生产经营集团化及跨国公司、寡头垄断格局已经形成

世界汽车工业经过了一个世纪的发展，逐渐形成了寡头垄断的格局，即少数汽车生产厂家占据着大部分的市场。寡头垄断的形成，是汽车工业成熟的标志，是企业间激烈竞争和一系列兼并的结果。

二、世界汽车发展趋势

未来汽车技术发展方向依然是朝着提高汽车的安全、环保、节能和舒适性能等方面迈进。

1. 由注重马力转向计算能力

未来，汽车制造商都开始向数字化转型。随着越来越多的科技公司跑马圈地、电动汽车和智能网联汽车逐渐普及、数字化转型成功案例激增，无人驾驶汽车将离我们越来越近。

2. "互联网+汽车"加速发展

"互联网+汽车"的发展将进入另一阶段，从某种程度上而言，这将提高车辆的便利性、舒适性和安全性。"互联网+汽车"也将彻底改变用户体验，推动个性化发展，同时为汽车制造商开辟创新的商业模式和持续的收入来源。

3. 车企将致力于可持续发展汽车

鉴于报废汽车零部件的再使用率、拆解材料的再利用率不高，汽车公司将更全面地接

受循环经济的理念和循环利用的实施方案,在世界各地环保法规的推动下,致力于可持续发展汽车。

4. 加速构建电动车平台

由于排放法规日益严格,加上消费者偏好不断变化,电动车市场将不断壮大,汽车制造商将通过构建电动车平台架构来实现规模经济效益。

5. 纯电和燃料电池的竞争白热化

燃料电池汽车与纯电动车的对决激烈。毕竟燃料电池具有来源广泛、大规模稳定储存、持续供应、远距离运输、快速补充等特点。将来,汽车制造商必然向燃料电池领域投入更多资金;各国政府也在大力支持燃料电池汽车。

拓展提升

一、拓展任务

进入21世纪,汽车尾气污染日益成为全球性问题。随着汽车数量越来越多,它对世界环境的负面效应也越来越大,尤其是危害城市环境,引发呼吸系统疾病,加重城市热岛效应,使城市环境转向恶化。机动车尾气污染已成为我国乃至全世界空气污染的重要来源。

二、拓展训练

1. 未来汽车动力来源发展趋势?
2. 我国新能源汽车替代传统能源汽车是否已成趋势?

探寻反思

探寻完本次课程后,您有何感想,请填写下表。

世界汽车工业发展历程
一、学习目标:这节课的学习达到您期望的水平了吗?您满意吗?
二、学习内容:本次探寻有哪些问题没有解决?为什么?或者让您觉得不足的地方在哪里?
三、学习过程:本次探寻中有哪些精彩瞬间,您最满意的地方或者让您最兴奋的地方在哪里?
四、学习方法:如果让您重新探寻本次课程,您会怎样学习?有什么新想法吗?

探寻四　我国汽车工业发展历程

情景引入

汽车工业作为西方工业的代表，经历了百年的发展与传承。而我国的汽车工业起步发展是从中华人民共和国成立开始的。对于一个经历了巨大战争灾难，同时又是一个传统农业文明的国家来说，只用了短短六十年时间白手起家，发展汽车工业。2009年，我国新车年产销量双双突破1 800万辆大关，成为全球第一大汽车市场。

探寻目标

- 知识目标

了解我国汽车工业的发展历程。

- 技能目标

1. 培养较强的探寻问题并归纳总结的能力。
2. 强化汇报沟通的能力。

- 情感目标

通过探寻我国汽车工业的发展历程，增强学生爱国主义情怀。

相关知识

一、中华人民共和国成立以前

1901年，匈牙利人李恩时将两辆美国生产的奥兹莫比尔汽车带入中国，从此中国开始出现了汽车。我国现在保存最早的汽车——存放在颐和园的慈禧太后的座驾（见图1-4-1），被认为是"中国第一车"。这是袁世凯1902年从香港购买赠给慈禧的厚礼。

1903年以后，上海陆续出现从事汽车或零部件销售、汽车出租的洋行（见图1-4-2）。

图 1-4-1 中国第一车

图 1-4-2 法国人开办的汽车行

1928年，张学良在东北成立了民用工业制造处，后改称为辽宁民生工厂（见图 1-4-3），试制汽车。于1931年试制成功了一辆命名为"民生"75型汽车（见图 1-4-4），它开辟了中国人试制汽车的先河。可惜第二辆汽车还没制造出来，"九一八"事件爆发，东北三省沦陷。直至中华人民共和国成立，中国的汽车工业才得以建立和发展。

图 1-4-3 辽宁民生工厂原址

图 1-4-4 "民生"75型汽车

二、中华人民共和国成立以来

回顾中华人民共和国成立以来，汽车工业走过的路程，经历了从无到有、从小到大，创建、成长和全面发展三个历史阶段。

1. 创业阶段（1953年—1965年）

1953年7月15日，第一汽车制造厂在长春破土动工，从而拉开了新中国汽车工业筹建工作的帷幕（见图 1-4-5）。1956年7月13日国产第一辆"解放"载货汽车（见图 1-4-6）驶下总装配生产线，结束了中国不能制造汽车的历史。

图 1-4-5 毛泽东为"一汽"题字

图 1-4-6 第一辆"解放"汽车

1958年5月12日，中国第一辆国产轿车——"东风"轿车（见图1-4-7）诞生。毛主席在中南海后花园观看并乘坐了东风轿车。毛主席高兴地说："坐了我们自己制造的小汽车了。"东风轿车开创了中国轿车工业的纪元。同年8月，CA72型"红旗"高级轿车下线（见图1-4-8）。同年9月，上海汽车装配厂试制成第一辆"凤凰"轿车（见图1-4-9）。

"红旗"高级轿车被列为国家礼宾用车，并用作国家领导人乘坐的庆典检阅车（见图1-4-10）。

图1-4-7 毛主席观看"东风"轿车

图1-4-8 CA72型"红旗"高级轿车

图1-4-9 "凤凰"轿车

图1-4-10 1959年"红旗"用作检阅车

2. 成长阶段（1966年—1980年）

1964年，"凤凰"轿车改名为"上海"，并对制造设备进行了一系列改进。首先制成了车身外板成套冲模，结束了车身制造靠手工敲打的落后生产方式，实现拼装流水线生产，轿车质量得到稳定和提高。

1967年4月，第二汽车厂在湖北十堰动工兴建，当时主要生产中型载货汽车和越野汽车。"二汽"的建成，开创了中国汽车工业以自己的力量设计产品、确定工艺、制造设备、兴建工厂的纪录，检验了整个中国汽车工业和相关工业的水平，标志着中国汽车工业上了一个新台阶。

1975年6月"东风"军用25Y投产（见图1-4-11），1978年7月东风五吨载货汽车EQ140投产（见图1-4-12）。

图 1-4-11　东风军用 25Y

图 1-4-12　东风民用 EQ140

3. 发展阶段（1981 年至今）

1983 年初，中国首批 CKD（进口散件组装生产）轿车组装在上海汽车厂装配车间拉开了序幕。当时是以全拆散的形式引入，一辆车大概有 5 200 个部件。让人觉得难以想象的是，整个总装车间就只有 7 个工人，他们安装了 10 多米长的手推导轨，就这样开始组装桑塔纳了（见图 1-4-13）。

1984 年 1 月，中国汽车的第一个中外合资企业——北京吉普诞生（见图 1-4-14）。

图 1-4-13　上海大众首辆桑塔纳

图 1-4-14　北京吉普投产仪式

有了先行者，中国汽车工业很快就进入了第一轮的合资高潮。1985 年 9 月 26 日，北京第一家合资合作的汽车切诺基（见图 1-4-15）诞生了。

1985 年 3 月 21 日，中德合资的轿车生产企业上海大众汽车有限公司成立（见图 1-4-16），成为全国第一家合资整车生产企业，桑塔纳便是上海大众第一款车型。上海大众的成立，意味着我国真正意义的现代汽车工业的开始。到了 1991 年，桑塔纳的关键零部件如车身、发动机以及变速箱相继实现了国产化。

图 1-4-15　第一辆切诺基

图 1-4-16　上海大众汽车有限公司成立

1991年2月，一汽-大众汽车有限公司正式成立。1991年12月5日，第一辆捷达A2轿车（见图1-4-17）在一汽轿车厂组装下线。

在1992年5月，东风汽车跟法国雪铁龙合资组建神龙汽车，三年后，也就是1995年9月，富康车（见图1-4-18）正式下线。

图1-4-17 捷达A2

图1-4-18 第一辆富康下线

这就是当年的老三样：捷达、富康、桑塔纳。20世纪90年代中前期，全国主要引进车型的国产化率达到80%以上，质量也显著提高，而车价大幅度下降，轿车开始迅速进入普通百姓家。

1998年前后，自主品牌奇瑞、吉利等也开始成立，自主品牌开始探索自主造车之路，并迅速发展壮大。

1998年，第一辆两厢"吉利豪情"（见图1-4-19）车下线。李书福把"吉利豪情"的市场价定在4.79万元，成为当时中国最便宜的"电喷车"。这是我国制造的第一辆自有品牌汽车，也是第一辆民营企业制造的汽车。

1999年4月27日，奇瑞利用福特公司的二手生产线生产了第一台发动机。同年的12月18日，奇瑞的第一辆汽车（见图1-4-20）也正式下线。

图1-4-19 李书福和第一辆吉利豪情

图1-4-20 奇瑞第一辆汽车下线

2001年年底中国加入WTO后，中国汽车工业全面融入世界汽车工业体，并向汽车产销大国迈进。2009年中国汽车销量首次超过美国跃居世界第一。

经过几十年的发展，中国逐渐形成了四大汽车集团：中国第一汽车集团有限公司、东风汽车集团有限公司、上海汽车工业（集团）总公司、中国长安汽车集团有限公司。

我国汽车行业发展现状及趋势

一、我国汽车行业发展现状

1. 中国成为世界最大规模的汽车市场

改革开放40年来，全球主要的汽车制造商在中国陆续完成布局，本土品牌起步，中国汽车产业快速发展。到2019年，中国汽车保有量已经和美国基本持平。

目前，我国汽车产业现在也进入了发展平台期，2018年和2019年连续两年产销呈现负增长，这是受多方面因素交织的影响，使得汽车行业发展也面临严峻挑战。（见图1-4-21）

图1-4-21　2011-2020年H1中国汽车销量统计及增长情况

2. 打造了全球化的竞争舞台，形成国际化消费市场

在中国成为巨大的消费市场的同时，也为全球车企打造了充分竞争的舞台，全球汽车品牌云集中国，中国品牌也不断壮大，中国品牌市场占比大有引领未来消费的趋势（见图1-4-22），将汽车行业带入电动化、智能化的时代。我们从过去的模仿走向今天的正向设计。

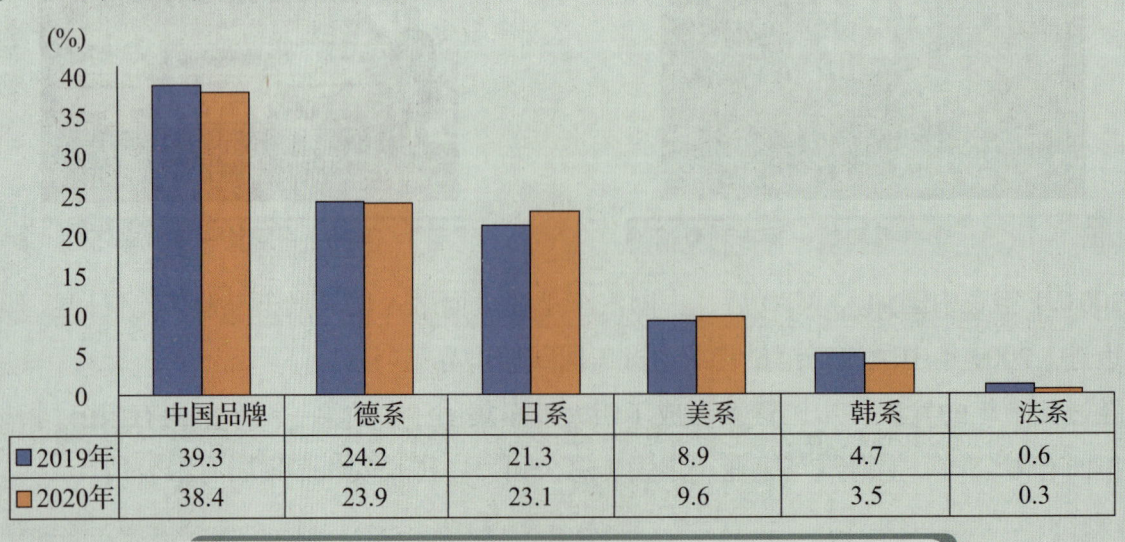

	中国品牌	德系	日系	美系	韩系	法系
2019年	39.3	24.2	21.3	8.9	4.7	0.6
2020年	38.4	23.9	23.1	9.6	3.5	0.3

图1-4-22　2019-2020年中国乘用车系市场份额占比比较

3. 中国汽车工业发展到新的高度

从造车能力方面看，中国汽车工业经历了不平凡的40年，引进、合作、国产化、自主创新，迅速缩短了差距。尤其是最近十几年，造车技术和产品技术逐渐和国际接轨，国际市场竞争能力不断增强（见图1-4-23），其中创新发展的产业原动力成为第一动力。在产业转型过程当中，新能源汽车的核心技术和产品完成了布局，5G基础设施不断普及和互联网平台为汽车智能化插上了翅膀，产品竞争力逐年增强。

图1-4-23　2014—2019年中国汽车进出口量统计情况

4. 产业政策不断优化调整，为中国汽车发展提供强劲动力

1994年第一部汽车产业政策发布，奠定了汽车产业发展的政策基础，为外商投资和国际合作开辟了宽阔道路。电子信息产业的快速发展，将中国带入了互联网时代，催生智能汽车新的发展时代。新能源汽车产销量大幅攀升（见图1-4-24）。

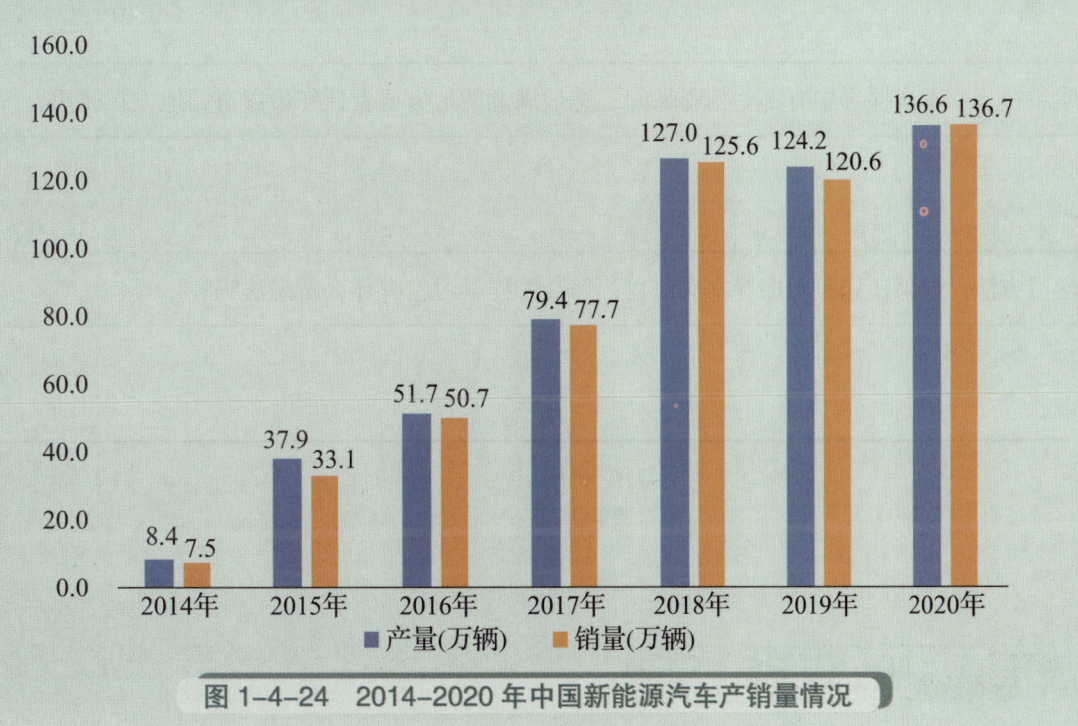

图1-4-24　2014—2020年中国新能源汽车产销量情况

拓展提升

一、拓展任务

在我们社会主义大家庭中，除了有"一汽""二汽"这样的国企巨头承担着各种各样的社会责任，民营企业也是不可或缺的一环。民营汽车企业的发展对我国汽车产业具有重大的推进作用。在这短短几十年的大浪淘沙中，我们各个民营汽车企业都经历了巨大的冲击与变革，在激烈的竞争中幸存下来的几家企业现在都已成为国内汽车行业的龙头老大。

二、拓展训练

1. 我国现有哪些民营车企已逐渐成为行业的中流砥柱？
2. 选取一个国产品牌，说说都推出了哪些成功的车型？

探寻反思

探寻完本次课程后，您有何感想，请填写下表。

我国汽车工业的发展历程
一、学习目标：这节课的学习达到您期望的水平了吗？您满意吗？
二、学习内容：本次探寻有哪些问题没有解决？为什么？或者让您觉得不足的地方在哪里？
三、学习过程：本次探寻中有哪些精彩瞬间，您最满意的地方或者让您最兴奋的地方在哪里？
四、学习方法：如果让您重新探寻本次课程，您会怎样学习？有什么新想法吗？

话题二

汽车的概念与分类

不同的国家、不同年代，对汽车的定义有所不同。根据国家标准GB/T3730.1-2001，我国对汽车的定义："由动力驱动，一般具有四个或四个以上车轮的非轨道承载车辆，主要是用于载运人、货物及其他的一些特殊用途。无轨电车和整车质量超过400kg的三轮车辆也属于汽车。"

通过本章的学习，了解汽车的概念，包括一般的概念，我国及其他国家对汽车概念的界定，知道汽车的分类，理解我国汽车的产品型号的编制原理以及车辆的识别代码。

探寻一　汽车的概念

情景引入

汽车是指由动力驱动，具有4个或4个以上车轮的非轨道承载的车辆，主要用于：载运人员和（或）货物；牵引载运人员和（或）货物的车辆；特殊用途。一般具有四个或四个以上车轮，不依靠轨道或架线而在陆地行驶的车辆。汽车通常被用作载运客、货和牵引客、货挂车，也有为完成特定运输任务或作业任务而将其改装或经装配专用设备成为专用车辆，但不包括专供农业使用的机械。全挂车和半挂车并无自带动力装置，他们与牵引汽车组合时才属于汽车范畴。

探寻目标

- 知识目标

1. 了解汽车的概念。
2. 了解汽车的分类。
3. 理解我国及其他国家对汽车概念的界定。

- 技能目标

1. 培养较强的探寻问题并归纳总结的能力。
2. 强化汇报沟通的能力。

- 情感目标

通过对汽车分类的概括，扩充学生的知识储备。

相关知识

1886年，第一辆汽车诞生，100多年来汽车一直被称为"改变世界的机器"，是现代社会不可或缺的重要交通工具之一。

英文中的"汽车"即"Automobile"是由"Auto（自动）"和"Mobile（可移动的）"构成，其意思是自己会动的，即自动车。这样定义汽车的概念并不准确，汽车的产生与发展经历了100多年的历史，不同时期的汽车有着不同的结构特点，汽车的种类和用途也是日新月异，并且汽车与其他相似机械相比是有区别的。

一、广义的汽车概念

汽车的概念与科学技术发展有着密切的联系，在不同的时期和国家其含义不同。从广义上讲，汽车应包括蒸汽汽车、电动汽车、内燃机汽车和其他燃料汽车。通常人们常说的汽车一般都是指内燃机汽车。

二、美国的汽车概念

美国汽车工程师学会标准SAEJ687C中对汽车的定义是："由本身动力驱动，装有驾驶装置，能在固定轨道以外的道路或地域上运送客货或牵引车辆的车辆。"

三、日本的汽车概念

日本工业标准JISK0101中对汽车的定义是："自身装有发动机和操纵装置，不依靠固定轨道和架线能在陆上行驶的车辆。"

以上两种定义的汽车范围都比较广，它们可以包括二轮摩托车，接近于我国道路机动车所指范围。

四、我国的汽车概念

我国国家标准GB/T 3730.1—2001《汽车和挂车的类型术语和定义》中对汽车的定义是："由动力驱动，具有四个或四个以上车轮的非轨道承载车辆，主要用于：载运人员和（或）货物；牵引载运人员和（或）货物的车辆；特殊用途。其中还包括：与电力线相连的车辆，如无轨电车；整车整备质量超过400kg的三轮车辆。"

根据汽车的定义，我国汽车产品具有以下特征。

（1）车辆自身带有动力装置并依靠动力装置驱动运行。

（2）具有四个或四个以上车轮，但车轮不得依靠轨道运行。

（3）动力能源不得在运行途中依靠地面轨道，但可以由架线取得。

（4）车辆的主要用途是载送人员或货物，或其他特殊用途，但一般不包括自行式作业机械。

按照我国的汽车定义，二轮摩托车和小型三轮车不属于汽车的范畴，不带动力装置的全挂车和半挂车也不能算汽车，但是当它们与牵引车组合后应属于汽车；对于从事特别作业的一些自走式轮式机械（如轮式推土机等）和主要从事农田作业的轮式拖拉机等，虽然也具有汽车的某些特征，但由于主要用途不是运输，我国不将其列入汽车的范畴。

知识库

概念车

概念车（Concept Car）可以理解为未来汽车，一种介于设想和现实之间的汽车。汽车设计师利用概念车向人们展示新颖、独特、超前的构思，反映人类对先进汽车的梦想与追求。这种车往往只是处在创意、试验阶段，也许不会投产，主要用于车辆的开发研究和开发试验，可以为探索汽车的造型、采用新的结构、验证新的原理等提供样机。通常是世界各大汽车公司展示其科技实力和设计观念的主要方式，另外，概念车型在汽车展览里的重要性，在一定程度上，也是衡量展览水平高低的相关标准之一。（见图2-1-1）

图 2-1-1 奔驰的概念车

世界上第一辆概念车

别克 YJob（见图 2-1-2）是汽车工业界公认的世界第一辆概念车，它于 1938 年由美国通用汽车艺术和色彩部首任主任、美国汽车造型之父——哈利杰·厄尔（Harley Earl）创作的。当时设计的瀑布式中网在随后的别克车中得到了应用。

图 2-1-2 别克 YJob

汽车展览中的概念车

主要用来展示新型车款的风格、科技与整体设计。概念车仅是汽车公司向人们展示设计人员新颖、独特与前卫的构想而已，不代表一定是即将会量产的车辆，但概念车确是汽车展览中不可或缺的元素。一般来说，在推出的新车身上会见到概念车的影子。

概念车分类

（1）比较接近于批量生产阶段（见图 2-1-3）。其先进的技术已从科学试验并逐步走向实用化。

（2）不能行驶的车辆类型（见图 2-1-4）。比较接近于研究发展阶段。其前卫的设计、结合想象力与高科技于一身，但却因环境、科技水平、成本因素的限制，故仅能指示出未来发展的研究构想。

图 2-1-3 准备量产的概念车

图 2-1-4 不能行驶的概念车

拓展提升

一、拓展任务

概念车的演变。

二、拓展训练

1. 如今的概念车会朝着哪些方向发展？

2. 最新的概念车有何创新点？

2021 奔驰汽车概念车

汽车的演变历史

探寻反思

探寻完本次课程后，您有何感想，请填写下表。

汽车的概念
一、学习目标：这节课的学习达到您期望的水平了吗？您满意吗？
二、学习内容：本次探寻有哪些问题没有解决？为什么？或者让您觉得不足的地方在哪里？
三、学习过程：本次探寻中有哪些精彩瞬间，您最满意的地方或者让您最兴奋的地方在哪里？
四、学习方法：如果让您重新探寻本次课程，您会怎样学习？有什么新想法吗？

探寻二 我国的汽车分类

情景引入

我国的汽车分类分为旧分类标准和新汽车分类标准。加入WTO后，我国汽车工业融入全球市场一体化的进程加快，原有的汽车分类标准已经不能适应汽车工业的发展。为此，按照与国际接轨的要求，2001年我国颁布了强制性国家标准GB/T 3730.1—2001，用于一般概念、统计、牌照、保险、政府政策和管理的依据。新国标在按用途划分的基础上，将私人作为代步工具的车辆和公务及商业经营的运输车辆分成两大类，建立了乘用车和商用车概念，尤其是在轿车的划分上改革较大。

探寻目标

- **知识目标**

1. 了解我国汽车旧分类标准。
2. 了解现中国汽车分类标准。
3. 理解国标中汽车的分类。

- **技能目标**

1. 培养较强的探寻问题并归纳总结的能力。
2. 强化汇报沟通的能力。

- **情感目标**

1. 通过对我国汽车分类的了解，扩充学生的知识储备。
2. 通过教学树立学生创造自主品牌意识，塑造学生自主创新、开拓进取的竞争意识和科学意识。

相关知识

中国汽车分类标准

加入WTO后，我国汽车工业融入全球市场一体化进程加快，原有的汽车分类标准已经不能适应汽车工业的发展。为此，按照与国际接轨的要求，2001年我国颁布了强制性国家标准GB/T 3730.1—2001，用于一般概念、统计、牌照、保险、政府政策和管理的依据。

新国标在按用途划分的基础上，将私人作为代步工具的车辆和公务及商业经营的运输车辆分成两大类，建立了乘用车和商用车概念，尤其是在轿车的划分上改革较大，具体分类见表2-2-1。

表2-2-1 现中国通用汽车分类标准（GB/T 3730.1—2001）

乘用车（不超过9座）	商用车		
	客车	货车	半挂牵引车
普通乘用车	小型客车	普通货车	
活顶乘用车	城市客车	多用途货车	
高级乘用车	长途客车	全挂牵引车	
小型乘用车	旅行客车	越野货车	
敞篷车	铰接客车	专用作业车	
仓背乘用车	无轨电车	专用货车	
旅行车	越野客车		
多用途乘用车	专用客车		
越野乘用车			
短头乘用车			
专用乘用车（包括旅居车、防弹车、救护车、殡仪车）			

1. 乘用车

乘用车是在其设计和技术特性上主要用于载运乘客及其随身行李或临时物品的汽车，包括驾驶员座位在内最多不超过9个座位。它也可以牵引一辆挂车。乘用车涵盖了轿车、微型客车以及不超过9座的轻型客车。具体分类见表2-2-2。

表2-2-2 乘用车分类

术 语	定 义
普通乘用车	车身：封闭式，侧窗中柱有或无。车顶（顶盖）：固定式，硬顶。有的顶盖一部分可以开启。座位：4个或4个以上座位，至少两排。后座椅可折叠或移动，以形成装载空间。车门：2个或4个侧门，可有一后开启门（见图2-2-1）。
活顶乘用车	车身：具有固定侧围框架的可开启式车身。车顶（顶盖）：车顶为硬顶或软顶，至少有两个位置：1. 封闭；2. 开启或拆除。可开启式车身可以通过使用一个或数个硬顶部件和/或合拢软顶将开启的车身关闭。座位：4个或4个以上座位，至少两排。车门：2个或4个侧门。车窗：4个或4个以上侧窗（见图2-2-2）。

续表

术 语	定 义
高级乘用车	车身：封闭式。前后座之间可以设有隔板。车顶（顶盖）：固定式，硬顶。有的顶盖一部分可以开启。座位：4个或4个以上座位，至少两排。后排座椅前可安装折叠式座椅。车门：4个或6个侧门，也可有一个后开启门。车窗：6个或6个以上侧窗（见图2-2-3）
小型乘用车	车身：封闭式。通常后部空间较小。车顶（顶盖）：固定式，硬顶。有的顶盖一部分可以开启。座位：2个或2个以上座位，至少一排。车门：2个侧门，也可有一个后开启门。车窗：2个或2个以上侧窗（见图2-2-4）
敞篷车	车身：可开启式。车顶（顶盖）：车顶可为软顶或硬顶，至少有两个位置：第一个位置遮覆车身；第二个位置车顶卷收或可拆除。座位：2个或2个以上的座位，至少一排。车门：2个或4个侧门。车窗：2个或2个以上侧窗（见图2-2-5）
仓背乘用车	车身：封闭式，侧窗中柱可有可无。车顶（顶盖）：固定式，硬顶。有的顶盖一部分可以开启。座位：4个或4个以上座位，至少两排。后座椅可折叠或可移动，以形成一个装载空间。车门：2个或4个侧门，车身后部有一仓门（见图2-2-6）
旅行车	车身：封闭式。车尾外形可提供较大的内部空间。车顶（顶盖）：固定式，硬顶。有的顶盖一部分可以开启。座位：4个或4个以上座位，至少两排。座椅的一排或多排可拆除，或装有向前翻倒的座椅靠背，以提供装载平台。车门：2个或4个侧门，并有一后开启门。车窗：4个或4个以侧窗（见图2-2-7）
多用途乘用车	只有单一车室载运乘客及其行李或物品的乘用车。但是，如果这种车辆同时具有下列两个条件，则不属于乘用车：（1）除驾驶员以外的座位数不超过6个；只要车辆具有可使用的座椅安装点，就应算"座位"存在。（2）$P-(M+N\times68)>N\times68$ 式中：P—最大设计总质量；M—整车整备质量与1位驾驶员之和；N—除驾驶员以外的座位数（见图2-2-8）
短头乘用车	它一半以上的发动机长度位于车辆前挡风玻璃最前点以后，并且转向盘的中心位于车辆总长的前四分之一部分内（见图2-2-9）
越野乘用车	在其设计上所有车轮同时驱动（包括一个驱动轴可以脱开的车辆），或其几何特性（接近角、离去角、纵向通过角、最小离地间隙）、技术特性（驱动轴数、差速锁止机构或其他形式机构）和它的性能（爬坡度）允许在非道路上行驶的一种乘用车（见图2-2-10）
专用乘用车	运载乘员或物品并完成特定功能的乘用车它具备完成特定功能所需的特殊车身或装备。例如：旅行车、防弹车、救护车、殡仪车等
旅居车	至少具有下列生活设施结构的乘用车。一座椅和桌子；一睡具，可由座椅转换而来；一炊事设施；一储藏设施（见图2-2-11）
防弹车	用于保护所运送的成员和/或物品并复合装甲防弹要求的乘用车（见图2-2-12）
救护车	用于运送病人或伤员并为此目的配有专用设备的乘用车
殡仪车	用于运送死者并为此目的而配有专有设备的乘用车

话题二　汽车的概念与分类

图 2-2-1　普通乘用车

图 2-2-2　沃尔沃 C70 活顶乘用车

图 2-2-3　奔驰 S 级高级乘用车

图 2-2-4　宝马 mini 小型乘用车

图 2-2-5　保时捷 911 敞篷车

图 2-2-6　马自达 3 仓背式乘用车

图 2-2-7　大众蔚揽旅行车

图 2-2-8　本田奥德赛多用途乘用车

43

图 2-2-9　五菱宏光短头乘用车

图 2-2-10　丰田霸道越野乘用车

图 2-2-11　金杯旅居车

图 2-2-12　凯佰赫战盾防弹车

2. 商用车

商用车指的是除乘用车以外，主要用于运载人员、货物及牵引挂车的汽车；所有的商用车又分为客车和货车两大类（见表 2-2-3）。

表 2-2-3　商用车分类

术　语	定　义
客车	在设计和技术特性上用于载运乘客及其随身行李的商用车辆，包括驾驶员座位在内座位数超过 9 座。客车有单层的或双层的，也可牵引一挂车
小型客车	用于载运乘客，除驾驶员座位外，座位数不超过 16 座的客车（见图 2-2-13）
城市客车	一种为城市内运输而设计和装备的客车。这种车辆设有座椅及站立乘客的位置，并有足够的空间供频繁停站时乘客上下车走动用（见图 2-2-14）
长途客车	一种为城市间运输而设计和装备的客车。这种车辆没有专供乘客站立的位置，但在其通道内可载运短途站立的乘客（见图 2-2-15）
旅游客车	一种为旅游而设计和装备的客车。这种车辆的布置要确保乘客的舒适性，不载运站立的乘客（见图 2-2-16）
铰接客车	一种由两节刚性车厢铰接组成的客车。在这种车辆上，两节车厢是相通的，乘客可通过铰接部分在两节车厢之间自由走动。两节刚性车厢永久连接，只有使用专用的设施才能将其拆开（见图 2-2-17）

续表

术 语	定 义
无轨电车	一种经架线由电力驱动的客车，这种车有多种用途（见图2-2-18）
越野客车	在其设计上所有车轮同时驱动（包括一个驱动轴可以脱开的车辆）或其几何特性（接近角、离去角、纵向通过角、最小离地间隙）、技术特性（驱动轴数、差速锁止机构或其他形式机构）和它的性能（爬坡度）允许在非道路上行驶的一种车辆（见图2-2-19）
专用客车	在其设计和技术特性上只适用于需经特殊布置安排后才能载运人员的车辆，例如残疾人轮椅专用客车、运动会接待专用客车等
半挂牵引车	装备有特殊装置用于牵引半挂车的商用车辆（见图2-2-20）
货车	一种主要为载运货物而设计和装备的商用车辆，牵引或不牵引一挂车均可
普通货车	一种在敞开（平板式）或封闭（厢式）载货空间内载运货物的货车
多用途货车	在其设计和结构上主要用于载运货物，但在驾驶员座椅后带有固定或折叠式座椅，可运载3个以上乘客的货车（见图2-2-21）
全挂牵引车	一种牵引杆式挂车的货车，它本身可在附属的载运平台上运载货物（见图2-2-22）
越野货车	在其设计上所有车轮同时驱动（包括一个驱动轴可以脱开的车辆）或其几何特性（接近角、离去角、纵向通过角、最小离地间隙）、技术特性（驱动轴数、差速锁止机构或其他形式的机构）和它的性能（爬坡度）允许在坏路上行驶的一种车辆（见图2-2-23）
专用作业车	在设计和技术特性上用于特殊工作的货车，例如：消防车、救险车、垃圾车、应急车、街道清扫车、扫雪车、清洁车等（见图2-2-24）
专用货车	在设计和技术特性上用于运输特殊物品的货车，例如：罐式车、乘用车运输车、集装箱运输车等

图2-2-13 金杯海狮小型客车

图2-2-14 城市客车

图2-2-15 长途客车

图2-2-16 旅游客车

图 2-2-17　铰接客车

图 2-2-18　无轨电车

图 2-2-19　越野客车

图 2-2-20　半挂牵引车

图 2-2-21　多用途货车

图 2-2-22　全挂牵引车

图 2-2-23　越野货车

图 2-2-24　专业作业车（消防车）

知识库

东风商用车

我国的商用车（卡车）按承载吨位分为微型卡车、轻型卡车、中型卡车、重型卡车、超重型卡车，具体分级标准如表1所示。

表1 中国商用车（卡车）分级标准

级　别	车辆总质量（吨）
微型卡车	<1.8 吨
轻型卡车	1.8~6 吨
中型卡车	6~14 吨
重型卡车	14~100 吨
超重型卡车	>100 吨

拓展提升

一、拓展任务

搜集欧美及日韩的国家汽车分类，对比中国的汽车分类有何不同。

二、拓展训练

1.新能源汽车的出现将如何重新界定汽车分类？

2.北美的商用车（卡车）标准是怎样的？

探寻反思

探寻完本次课程后，您有何感想，请填写下表。

我国的汽车分类
一、学习目标：这节课的学习达到您期望的水平了吗？您满意吗？
二、学习内容：本次探寻有哪些问题没有解决？为什么？或者让您觉得不足的地方在哪里？
三、学习过程：本次探寻中有哪些精彩瞬间，您最满意的地方或者让您最兴奋的地方在哪里？
四、学习方法：如果让您重新探寻本次课程，您会怎样学习？有什么新想法吗？

探寻三　我国汽车产品型号的编制及车辆识别代码

情景引入

中国在2001年前，国家标准规定了各类汽车的编号规则，由汽车生产企业采纳和使用，并体现在汽车的主要外表面上。2001年后，有关国家标准停止使用，且未制定对汽车型号编制方法的新规定。由于汽车型号使用周期很长，其标示内容简便易懂，为多个行业所采纳和引用，因此现在汽车企业和产品大多数仍按照原国家标准的规定进行型号的编制。除三轮汽车及低速货车、其他汽车外，汽车型号由拼音字母和阿拉伯数字组成，包括首部、中部、尾部。

探寻目标

- 知识目标

1. 了解我国汽车产品型号的编制。
2. 了解车辆识别代码的意义。
3. 理解汽车产品型号的内容。

- 技能目标

1. 培养较强的探寻问题并归纳总结的能力。
2. 强化汇报沟通的能力。

- 情感目标

通过对我国汽车产品型号的编制规则和车辆识别代码，扩充学生的知识储备。

相关知识

一、我国汽车产品型号的编制

为了在生产、使用和维修工作中便于识别不同的汽车型号，以简单的编制表示各种不同专用汽车的厂牌，用途和基本的性能特征是十分必要的。

我国于1988年制定了新的国家标准GB 9417-88《汽车产品型号编制规则》，用简单的汉语拼音字母和阿拉伯数字编号来表示国产汽车的企业代号、车辆类型代号、主要特征参数代号、产品序号和企业自定代号（见图2-3-1）。

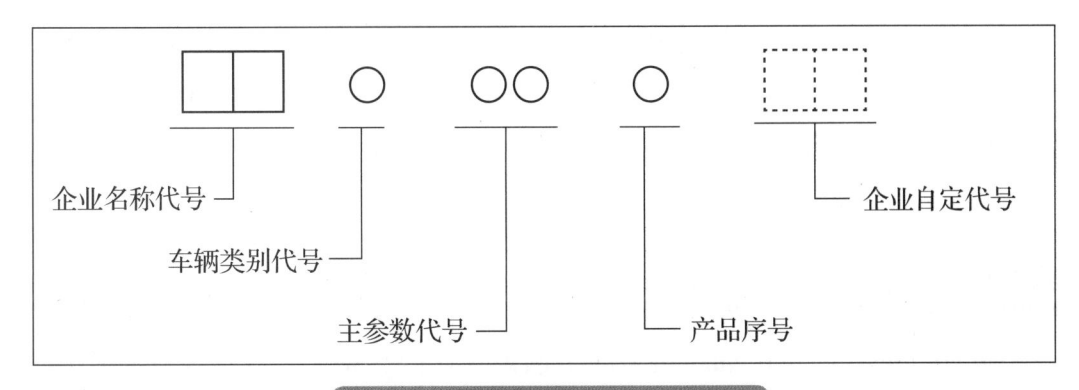

图 2-3-1 汽车产品型号编制规则

国产汽车产品型号由拼音字母和阿拉伯数字组成，包括首部、中部和尾部三部分。

1. 首部

首部由2个或3个拼音字母组成，是识别企业的代号。如CA代表"一汽"，EQ代表"二汽"，BJ代表"北汽"，NJ代表"南汽"等。

2. 中部

中部由4位数字组成，分为首位、中间两位和末位数字三部分，其含义见表2-3-1。

表 2-3-1 汽车产品型号中部4位阿拉伯数字的含义

首位数字（1~9）表示车辆类别		中间两位数字表示各类汽车的主要特征参数	末尾数字
1	载货汽车	数字表示汽车的总质量（t）[①]	表示企业自定序列号
2	越野汽车		
3	自卸汽车		
4	牵引汽车		
5	专用汽车		
6	客车	数字×0.1m 表示车辆总长度[②]	
7	轿车	数字×0.1L 表示发动机排量	
8	（暂缺）		
9	半挂车或专用半挂车	数字表示汽车的总质量（t）	

注：①汽车总质量大于100t时，允许用3位数字；
②汽车总长度大于10m时，数字×0.1。

3. 尾部

尾部由拼音字母加上阿拉伯数字组成，可以表示专用汽车的分类或变型车与基本型车的区别。

例如：型号 CA1092 表示一汽集团生产的货车，总质量 9t，末位数字 2 表示原型车 CA109 的基础上改进的新型车。型号 TJ7101L 表示天津一汽夏利汽车公司生产的轿车，发动机排量为 1.0L，尾部 L 表示车身加长型。

二、车辆识别代码

VIN（Vehicle Identification Number）即车辆识别代码，是制造厂为了识别而给一辆车指定的一组字码。VIN 码是由 17 位字母、数字组成的编码，又称 17 位识别代码。车辆识别代码经过排列组合，可以使同一车型的车在 30 年之内不会发生重号现象，具有对车辆的唯一识别性，因此可称为汽车身份证号码。

1. 车架（或车身）上 VIN 编码

车型不同，VIN 编码在车架（或车身）上的位置也可有所不同。例如：桑塔纳乘用车 VIN 编码的位置在发动机室内；丰田卡罗拉乘用车 VIN 编码的位置在副驾驶座椅下面。

2. 其他位置的 VIN 编码

除了车架（或车身）上 VIN 编码外，还可以在其他一些位置找到 VIN 编码，如汽车铭牌上、机动车行驶证上和机动车保险单上等。

为了方便识别，我国乘用车在仪表板左侧或者右侧放置了一个 VIN 编码条，可以透过风窗玻璃看到，桑塔纳乘用车 VIN 编码条在仪表板右侧。

VIN 编码由三个部分组成，即世界制造厂识别代码（WMI）、车辆说明部分（VDS）和车辆指示部分（VIS）。

一辆桑塔纳 2000 型乘用车 VIN 码编码（见图 2-3-2），可以分为三部分（见表 2-3-2）。

图 2-3-2 桑塔纳 2000 型乘用车 VIN 码

第 1~3 位是世界制造厂识别代码，LSV——上海大众汽车有限公司；
第 4 位是车身形式代码，H——门加长型折背式车身；
第 5 位是发动机变速器代码，J——AYJ 发动机 /FNV（01NA）变速器；

第6位是乘员保护系统代码，1——安全气囊（驾驶员）；

第7~8位是车辆等级代码，33——上海大众桑塔纳2000型乘用车；

第9位是校验位通过一定的算法防止输入错误，0~9中任一数字或字母"X"；

第10位是车型年份代码，2——2002年；

第11位是装配厂代码，2——上海大众汽车有限公司；

第12~17位是车辆制造顺序号；

注意：不同国家或汽车制造厂，其VIN编码含义有细微不同。

表2-3-2　上海大众桑塔纳2000型乘用车VIN编码

WMI			VDS						VIS							
L	S	V	H	J	1	3	3	0	2	2	2	2	1	7	6	1
1	2	3	4	5	6	7	8	9	10	11	12	13	14	15	16	17

知识库

VIN码的意义

为在世界范围内建立统一的道路车辆识别系统（也就是汽车的身份证），以便简化车辆识别信息检索，提高车辆故障信息反馈的准确性和效率，车辆识别代码（Vehicle Identification Number），简称VIN码，由17位字符组成，所以俗称十七位码。

我国机械工业部早在1996年12月25日发布了《道路车辆　车辆识别代码（VIN）位置与固定》（GB/T 16735—1997）和《道路车辆　车辆识别代码（VIN）内容与构成》（GB/T 16736—1997），明确规定1999年1月1日后，我国新生产的汽车都必须使用车辆识别代码。

2004年6月21日，由国家质检总局会同国家标准委联合发布了《道路车辆　车辆识别代号（VIN）》（GB/T 16735—2004）和《道路车辆　世界制造厂识别代号（WMI）》（GB/T 16737—2004），自2004年10月1日开始实施。

该标准为强制性标准，标准中规定了车辆识别代码的内容与构成，以便在世界范围内建立一个统一的道路车辆识别代号体系，标准同时还给出了车辆识别代号在车辆上的位置与固定要求。

拓展提升

一、拓展任务

找到不同国家品牌的汽车的VIN码的位置。

车辆产品型号与识别代码举例

二、拓展训练

1. 搜集国外品牌的汽车产品型号对比我国对汽车产品型号的命名有何不同？
2. 搜集不同国家品牌的VIN码并解读所呈现的信息。

探寻反思

探寻完本次课程后，您有何感想，请填写下表。

我国汽车产品型号的编制及车辆识别代码
一、学习目标：这节课的学习达到您期望的水平了吗？您满意吗？
二、学习内容：本次探寻有哪些问题没有解决？为什么？或者让您觉得不足的地方在哪里？
三、学习过程：本次探寻中有哪些精彩瞬间，您最满意的地方或者让您最兴奋的地方在哪里？
四、学习方法：如果让您重新探寻本次课程，您会怎样学习？有什么新想法吗？

话题三

汽车公司与车标

每个汽车品牌都有自己唯一的车标商标，这不仅仅是品牌之间的区别，更重要的是每个车标都有自己独特的历史及文化。而有的车标是一种身份的象征，因为每个汽车品牌所运营的路线是不一样的，有的运营家用型轿车，有的运营豪华型轿车。通过本话题的学习，学生可以了解国外不同汽车公司的发展历史以及车标的演变过程，并对我国汽车的发展史以及国产品牌有一定的了解。

探寻一　国外汽车公司及车标

情景引入

车标不仅是一辆车的"身份证"，而且还会折射出该品牌的发展历程，甚至时代背景。比如德国的大众品牌在20世纪30年代商标外围被添加了风扇设计。直到第二次世界大战结束，英军占领了沃尔夫斯堡，把公司命名为英国大众汽车公司，之后大众才去掉了这个带有纳粹元素的设计。

探寻目标

• **知识目标**

1. 了解汽车世界著名的汽车公司。
2. 掌握我国汽车车标的发展现状。

• **技能目标**

1. 具有识别汽车的车标。
2. 具有探寻问题并归纳总结的能力。

• **情感目标**

通过探寻汽车的车标历程,满足学生的求知欲和好奇心。

相关知识

一、通用汽车公司

1. 公司简介

创立时间:1908年9月16日。

创始人:威廉·杜兰特(William C.Durant)。

公司总部:美国汽车城底特律。

通用汽车公司是全球最大的汽车制造公司,员工数超过32万。2007年汽车产量936.95万辆,居世界第一,被誉为"世界汽车巨人",在全球最大500家公司排名第五。在中国与上汽集团等建立上海通用汽车制造、泛亚汽车技术中心、汽车金融等合资和独资企业。

公司的商标(见图3-1-1)"GM"来源于其英文名称(General Motors Corporation)的前两个英文单词的第一个大写字母,蓝底白字,简洁明快。通用汽车公司组成见表3-1-1。

图3-1-1 通用汽车公司商标

表3-1-1 通用汽车公司组成

序号	部门	业务内容
1	北美业务部	设计、制造、营销雪佛兰/CEO、庞蒂亚克、奥兹莫比尔、别克、凯迪拉克、吉姆西以及土星等品牌的车辆
2	德尔福汽车系统	制造汽车底盘、内饰、照明、电子、能源及发动机管理、转向系统和热系统等方面零部件

续表

序号	部门	业务内容
3	国际业务部	设计、制造、销售欧宝、沃克斯豪尔、霍尔登、五十铃和萨博品牌的汽车及其他国际合作项目
4	通用汽车金融信用公司	为美国及全球27个国家的客户提供一系列财政金融方面的服务
5	休斯电子公司	设计、制造、营销技术先进的电子系统、产品和服务,面向全球的汽车电子通信、宇航及国防等诸多领域

通用汽车公司的子公司(分部)及其品牌见表3-1-2。

表3-1-2 通用汽车公司的子公司(分部)及其品牌

品牌	商标	品牌	商标	品牌	商标
凯迪拉克(Cadillac)		奥兹莫比尔(Oldsmobile)		萨博(Saab)	
别克(Buick)		土星(Satutn)		悍马(Hummer)	
雪佛兰(Chevrolet)		欧宝(Opel)		吉姆西(GMC)	
庞蒂亚克(Pontiac)		沃克斯豪尔(Vauxhal)		大宇(Daewoo)	

2. 汽车品牌

(1)凯迪拉克(Cadillac)。品牌创始人为美国人亨利·利兰德(Henry Leland),创建于1902年,1909年被通用公司并购成为其一个分部。凯迪拉克以生产豪华汽车著称,其突破性的外形设计和引领潮流的科技创新赢得了世人的推崇,主要产品有赛威(Sevine)、帝威(Devile)和凯帝(Catera)等。

安东尼·门斯·凯迪拉克到美国传教,并创建底特律城。为纪念他的功绩,1902年,亨利·利兰德在底特律城建立汽车公司,并以凯迪拉克命名公司商标。凯迪拉克车标在不同时代不断变化,到目前为止大概有30多次。早期公司商标由"冠"和"盾"组成(见图3-1-2)。其中,"冠"上有7颗明珠,象征凯迪拉克的皇家贵族,尊贵血统,隐喻汽车高贵、豪华、气派和风度;"盾"象征凯迪拉克军队是一支金戈铁马、英勇善战、攻无不克和无坚不摧的英武之师,隐喻其生产的汽车拥有巨大的市场竞争能力。"盾"被两根深褐色棒平分为四个等分,第二和第三等分有两根相互交叉的褐色棒,表示十字军战士在遥远战场上骑士般的勇猛。第一和第四等分中各有三只黑色的鸟，这两等分又被黑色棒一分为二，并把三只相同的鸟分开，两只在上，一只在下，按照当时的风俗，没有腿和嘴的鸟，如果以三只同时出现，就表示神圣，这些鸟还表示智慧、富有、聪敏的品德。"盾"中的各种颜色也有深刻的含义，如红色表示勇猛和赤胆；银色表示婚姻、纯洁、博爱和美德；黄色表示丰收和富有；蓝色表示创新和探险；黑色表示土地。

21 世纪初，凯迪拉克再次对徽标进行了一系列令人耳目一新的革新（见图 3-1-3），新徽标色彩明快、轮廓鲜明，突出了凯迪拉克品牌的经典、尊贵和突破精神。

图 3-1-2　凯迪拉克商标

图 3-1-3　凯迪拉克新商标

凯迪拉克在历史上创造了很多名车（见图 3-1-4、图 3-1-5）。

图 3-1-4　1905 年凯迪拉克 Osceola

图 3-1-5　凯迪拉克首台总统座驾

（2）别克（Buick）。别克公司创始人为美国人大卫·别克（David Dunbar Buick），创建于 1903 年，1908 年并入通用公司。

别克公司特色为主要设计制造中档家庭轿车，其销量占通用公司第三位，主要产品有世纪（Century）、皇朝（Regal）、林荫大道（Electra /Parkavenue）等。

别克商标经过多次变化（见图 3-1-6），目前最新的商标为三把利剑，从左到右红、白、蓝递升，而且高度节节上升，给人一种积极进取、不断攀登的感觉。

1939　　　　　　　　1942　　　　　　　　1959

图 3-1-6　别克商标的演变

别克也创造了很多名车（见图3-1-7、图3-1-8）。

图3-1-7　1936年别克Roadmaster

图3-1-8　1951年别克LeSabr概念车

（3）雪佛兰（Chevrolet）。公司创始人为通用公司创始人威廉·杜兰特和瑞士的赛车手、工程师路易斯·雪佛兰（Louis Chevrolet）。雪佛兰公司创建于1911年，1918年并入通用公司。公司主产经济型轿车及中、高级跑车，其产品被称为"地道美国车"。先后十多次获得美国《汽车时尚》杂志的"年度最佳轿车"奖。

雪佛兰商标是抽象化了的蝴蝶领结（见图3-1-9），象征雪佛兰汽车的大方、气派和风度。

1917年的雪佛兰"490"（见图3-1-10），售价490美元，大受欢迎，开创了雪佛兰产品性价比和大众化的篇章。1935年雪佛兰Suburban Carryall（见图3-1-11），是今天运动型多用途汽车（SUV）的前身，被称作SUV的鼻祖，率先采用独立悬架，极大提高了行车的舒适性。

图3-1-9　雪佛兰商标

图3-1-10　1917年雪佛兰"490"

图3-1-11　雪佛兰Suburban Carryall

（4）庞蒂亚克（Pontiac）。公司创始人为爱德华·墨菲，创建于1907年，1908年并入通用公司成为奥克兰分部，1932年改名为庞蒂亚克分部。

公司主要生产中档汽车，主要产品有太阳火（Sunfire）、博纳威（Bonneville）、格兰艾姆（Grandam）以及火鸟（Firebird）等。

庞蒂亚克是一个印第安酋长的名字，18世纪曾率部在底特律附近抵抗英法殖民者。为纪念他，靠近底特律的一座小城被命名为庞蒂亚克市。

商标（见图3-1-12）由"PONTIAC"（庞蒂亚克）和带十字标记的箭头组成。十字形标记表示庞蒂亚克是通用汽车公司的重要成员，也象征庞蒂亚克汽车安全可靠；箭头则代表庞蒂亚克的技术超前和攻关精神。

庞蒂亚克太阳火跑车（见图3-1-13），以迷人的外形和低廉的价格在通用汽车阵容中扮演着重要的角色。

图3-1-12 庞蒂亚克

图3-1-13 庞蒂亚克太阳火跑车

（5）奥兹莫比尔（Oldsmobile）。公司创始人为美国人兰索姆·奥兹（Ransom Olds），创建于1897年，1908年并入通用公司。公司以生产中档车为主，主要产品有阿莱罗（Alero）、曙光（Aurora）、短剑（Cutlass）、激情（Intrigue）、88（Eightyeight）、摄政王（Regency）以及剪影厢体车（Sil-Houette）等。

公司商标由图形和文字两部分组成（见图3-1-14）。奥兹莫比尔文字由奥兹（Olds）加上莫比尔（Mobile）得来的。图形表示该公司积极向上和勇往直前的精神。1955年奥兹莫比尔车是其经典车型（见图3-1-15）。

图3-1-14 奥兹莫比尔商标

图3-1-15 1955年奥兹莫比尔

（6）土星（Saturn）。这是通用公司唯一从内部建立起来的分部，以抵御外国轿车大规模进入美国市场。公司主要产品分为豪华轿车SL、旅行轿车SW和跑车SC。

土星汽车标志由图形和文字组成（见图3-1-16）。SATURN是土星的英文名。图形是在红色背景前的土星两条轨迹，给人一种高科技、新观念和超时空的感觉，寓意土星汽车技术先进，设计超前且最具时代魅力。土星跑车SC是其经典车型（见图3-1-17）。

图 3-1-16　土星汽车商标

图 3-1-17　土星跑车 SC

（7）欧宝（Opel）。公司创始人为德国的亚当·欧宝（Adam Opel），创建于 1863 年，最初生产缝纫机和自行车，1899 年开始生产汽车，1914 年成为德国最大的汽车生产厂家。1929 年被通用公司并购。

欧宝汽车公司重视汽车技术创新，向广大社会群体提供价廉物美的产品。旗下有欧美佳、威达、雅特和赛飞利等品牌轿车，性能优良，价位合理。

欧宝的标志（见图 3-1-18）代表了公司的技术进步与发展，又像闪电一样划破长空，震撼世界，即喻示欧宝汽车风驰电掣，力量和速度无与伦比，同时也炫耀它在空气动力学方面的成就。欧宝概念车 Speedster（见图 3-1-19），速度可达 250km/h，每 100km 燃油消耗 2.5L。

图 3-1-18　欧宝汽车商标

图 3-1-19　欧宝概念车 Speedster

（8）萨博（Saab）。萨博（Saab）也称绅宝，前身是瑞典飞机公司，1937 年成立，1946 年开始生产汽车。1990 年被美国通用公司收购 50% 股权，2000 年收购 100% 股权。

公司以生产安全性能较好的豪华轿车和涡轮增压发动机而闻名于世。目前主要车型有 Saab9-3、Saab9-5 等。

萨博商标（见图 3-1-20）由文字"SAAB"和"头戴皇冠的鹰头飞狮"组成，王冠象征着轿车的高贵，狮子为欧洲人崇尚的权利象征。半鹰、半狮的怪兽图案象征着一种警觉，这是瑞典南部两个县流行的一种标志，而萨博汽车和航行器的生产就起源在这里。带涡轮增压的萨博运动轿车是其经典车型（见图 3-1-21）。

图 3-1-20　萨博汽车商标　　　　　图 3-1-21　带涡轮增压萨博运动轿车

（9）沃克斯豪尔（Vauxhall）。公司创始人为英国人亚历山大·威尔逊。1857年建立蒸汽机制造厂，1903年开始制造汽车，1925年被美国通用汽车公司收购，成为通用子公司欧宝下属的两大子品牌之一。公司以生产高性能轿跑车知名，目前是英国产量较大的轿车厂商。

沃克斯豪尔商标（见图 3-1-22）选用了十三世纪英国沃克斯豪尔地区的地主使用的狮身鹫首标志。它矫健的翅膀展开，即将腾飞，并显露出锋利的前颚，体现征服与霸气的理念。沃克斯豪尔跑车有代表性的经典车型（见图 3-1-23）。

图 3-1-22　沃克斯豪尔商标　　　　　图 3-1-23　沃克斯豪尔跑车

（10）悍马（Hummer）。美国 AMG 公司以生产悍马（Hummer）汽车而扬名世界。

创始人是一位自行车制造商乌特，1903年乌特成立越野汽车部，几经易手，如今通用汽车公司已从 AMG 公司得到了悍马的商标使用权和生产权，悍马 H2（见图 3-1-24）就是在通用旗下诞生的第一辆悍马。悍马以其霸气、强悍和富有冒险精神的品牌形象高居越野车市场之首。

图 3-1-24　悍马 H2

二、丰田汽车公司

1. 公司简介

丰田汽车公司创立于1933年。早期是织布机厂，1933年成立汽车部，1937年成立汽车工业公司，创始人为丰田喜一郎（Kiichiro Toyoda）。公司总部在日本爱知县丰田市。

2. 汽车品牌

丰田汽车公司的主要汽车品牌是丰田（Toyota）、大发（Daihatsu）和日野（Nino）（见表 3-1-3）。公司规模员工总数 28 万多人，子公司 523 家（日本国内 292 家、国外 231 家），控股相关公司 56 家。2007 年汽车产量 9 366 万辆，接近美国通用汽车公司（9 369 万辆），居世界第二。丰田下属的主要品牌有皇冠（Crown）、雷克萨斯（Lexus）、凯美瑞（Camry）、世纪（Century）、花冠（Corolla）、普锐斯（Prius）、陆地巡洋（LandCruiser）、柯斯达（Coaster）、海狮（Hiace）和赛昂（Scion）等。

表 3-1-3　丰田汽车公司主要品牌

品　牌	商　标	品　牌	商　标	品　牌	商　标
丰田 （Toyota）	TOYOTA	大发 （Daihatsu）	DAIHATSU	日野 （Nino）	HINO

（1）皇冠（Crown）。皇冠品牌是丰田历史最长的中高级豪华轿车，第一代皇冠轿车 1955 年生产，现已生产第十二代皇冠轿车，有皇家级和豪华级两种。

皇冠商标是一顶皇冠（见图 3-1-25），象征着此车的高贵和典雅。

（2）雷克萨斯（Lexus）。雷克萨斯（Lexus）原来译为"凌志"，是 1989 年丰田汽车公司专门为国外销售豪华轿车而成立的一个分部。雷克萨斯车是丰田花费 3.5 万美元请美国一家起名公司命名的，因为雷克萨斯与英文 Luxe(豪华)一词相近，使人联想到该车是豪华轿车。商标是在一个椭圆中镶嵌英文"Lexus"的第一个大写字母 L（见图 3-1-26），比喻该车像一匹黑马，驰骋在世界各地的道路上。

图 3-1-25　丰田皇冠商标

图 3-1-26　雷克萨斯商标

Lexus 是 1993 年丰田公司投入近 4 000 名最优秀的工程技术人员，花了六年多时间紧张开发而成的豪华轿车，其中 LS400（见图 3-1-27）被称为雷克萨斯的元老，它集中了日本汽车工业所能表现的精华，有过横扫美国豪华车市场的佳绩，是日本轿车生产和设计的里程碑。另外，雷克萨斯完美的音响系统被誉为世界轿车"第一音响系统"。追求卓越是雷克萨斯的一贯的宗旨,雷克萨斯突破了机器和人工智能的极限,成就超凡工艺。雷克萨斯纯电动车型有 UX300e(见图 3-1-28)。

图 3-1-27　雷克萨斯 LS400

图 3-1-28　雷克萨斯 UX300e

(3)凯美瑞(Camry)。凯美瑞(Camry)也称佳美,是一款深受高级商务人员喜爱的中型豪华轿车,在全球市场同级别的车型中一直非常畅销。凯美瑞排量级别有 3.0 L 和 2.2 L 级两种。丰田凯美瑞已推出 2021 款(见图 3-1-29)。

图 3-1-29　丰田凯美瑞 2021 款

三、福特汽车公司

1. 公司简介

公司创立于 1903 年 6 月 16 日,创始人为亨利·福特(Henry Ford)。福特汽车的总部位于美国密歇根州的里尔本市。公司是全球第三大汽车公司,现有员工 35 万余人,2007 年汽车产量 650 万辆,居世界第三。在中国,福特公司与江铃集团和长安集团合作生产汽车。

福特公司商标采用蓝底白字,选用艺术化的"福特"英文字母(见图 3-1-30),形似一只活泼可爱、充满活力小白兔奔向前方,以象征福特汽车奔驰在世界各地。

图 3-1-30　福特商标

2. 汽车品牌

福特汽车公司主要有八大汽车品牌。

(1)福特(Ford)。福特主要的品牌有:T 型车(Modela)、雷鸟(Thunderbird)、野马(Mustang)雅士(Escort)、特使(Tauras)、稳达(Windstar)、伊普拉(Explorer)、全顺(Transit)及福克斯(Focus)等。其中福克斯(见图 3-1-31)是福特汽车公司有史以来最重要的车型之一。野马跑车是美国名牌跑车,它采用了一匹正在奔驰的野马(见图 3-1-32 左),是墨西哥和美国加利福尼亚州的一种名贵野马,身强力壮、善于奔跑。商标中的野马形象强劲有力，热情奔放，表示该车的速度极快。"眼镜蛇"跑车由"野马"跑车改装而成。"眼镜蛇"商标（见图3-1-32右）。

图3-1-31　福克斯2021款

图3-1-32　野马和眼镜蛇商标

（2）林肯（Lincoln）。林肯汽车公司于1907年由亨利·利兰（Henry Leland）创立，1922年被福特汽车公司收购林。肯是美国第16任总统，林肯汽车就是借助总统的名字来树立公司的形象。林肯汽车商标（见图3-1-33）是一个矩形中有一颗闪闪放光的星星，以示林肯轿车光辉灿烂，是顶级轿车。林肯经典车型有大陆2021款（见图3-1-34）。

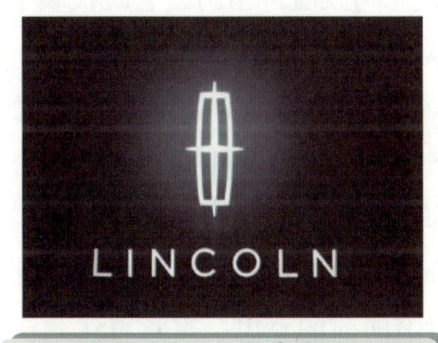

图3-1-33　林肯商标

图3-1-34　林肯大陆2021

（3）马自达（Madza）。日本马自达公司成立于1920年，创始人"松田"，其拼音为MAZDA（马自达）。1931年，开始生产小型三轮货车。1984年，公司正式更名为马自达。1979年福特购买了该公司25%的股份，1996年股份扩大到33.4%，成为马自达最大的股东。

马自达商标（见图3-1-35）是椭圆中展翅飞翔的海鸥，同时又组成"M"字样。"M"是"Mazda"第一个大写字母，预示该公司将展翅高飞，以无穷的创意和真诚的服务，迈向新世纪。

图3-1-35　马自达商标

（4）阿斯顿·马丁（Aston Martin）。阿斯顿·马丁由莱昂内尔·马丁（Lionel Martin）和罗伯特·班福特（Robert Bamford）于1913年共同组建。1923年，公司和它的产品改名为阿斯顿·马丁。1987年，福特收购了其75%股份，1994年阿斯顿·马丁成为福特公司的全资子公司。

阿斯顿·马丁商标（见图3-1-36）是一只展翅飞翔的大鹏，加ASTON MARTIN字样，喻示着公司如大鹏般远大的志向。

阿斯顿·马丁以生产敞篷旅行车、赛车和限量生产的跑车而闻名于世，一直是造型别致、精工细作、性能卓越的运动跑车（见图3-1-37）的代名词。

图3-1-36 阿斯顿·马丁商标

图3-1-37 阿斯顿·马丁2021款跑车

（5）捷豹（JAGUAR）。捷豹（又称为美洲虎、美洲豹）公司是英国人威廉·里昂斯（William Lyons）于1922年创立。1931年开始生产汽车，以生产豪华的美洲豹运动车而闻名于世。1989年，福特汽车收购了捷豹公司。捷豹商标（见图3-1-38）为一只正在跳跃前扑的美洲豹，矫健勇猛，怒目咆哮，形神兼备，具有时代感与视觉冲击力，它既代表了公司的名称，又表现出向前奔驰的力量与速度，象征该车如美洲豹一样驰骋于世界各地。

（6）沃尔沃（VOLVO）。瑞典沃尔沃（也译为"富豪"）公司创立于1924年，总部设在瑞典哥德堡。1999年，福特公司收购了沃尔沃的轿车业务。2010年中国吉利汽车公司用低于18亿美元的价格从福特公司手中全资收购了沃尔沃轿车业务。

沃尔沃商标（见图3-1-39）由图标和文字两部分组成，图标画成车轮形状，并有指向右上方的箭头，文字商标"VOLVO"为拉丁语，是滚滚向前的意思，寓意着沃尔沃公司兴旺发达、前途无量。沃尔沃公司发明了汽车安全底盘、三点式紧缩安全带和侧撞防护系列等，已成为当今一流汽车产品的标准配置，沃尔沃是世人心目中最安全的汽车。

图3-1-38 捷豹商标

图3-1-39 沃尔沃商标

（7）陆虎（LAND ROVER）。陆虎全称是兰德·陆虎（LAND ROVER）。由英国莫利斯·加吉（Morris Gardge）等多家英国汽车公司合并而成。公司成立于1877年，是世界上最好的四轮驱动车制造商。1994年，被德国宝马公司收购，2000年，福特从宝马公司收购陆虎四轮驱动系列产品。

陆虎汽车商标（见图3-1-40），椭圆里面的公司名字兰德·陆虎（LAND ROVER），意寓陆虎汽车遍布全世界。陆虎的经典车型有神行者（Eree Lander）、卫士（Defender）（见图3-1-41）、发现（Discover）和揽胜（Range Rover）。

图 3-1-40　路虎商标

图 3-1-41　路虎卫士 2021

四、大众汽车公司

1. 公司简介

公司商标采用德文 Volkeswagens Werk（大众公司）的"V"在上，"W"在下，又像 3 个"V"（见图 3-1-42），表示公司产品"必胜、必胜、必胜"。大众汽车顾名思义是为大众生产的汽车。大众商标简捷、鲜明，令人过目不忘。

公司创立于 1938 年。创始人为世界著名的汽车设计大师费迪南德·波尔舍（Ferdinand Porsche）。公司总部设在德国汽车城沃尔夫斯堡。大众公司是欧洲最大的汽车生产集团，世界四大汽车集团之一，现有雇员 57.3 万人，在世界 22 个国家有 29 家子公司和合资公司。2007 年，大众汽车年产量 618 万辆，世界排名第四。在中国有上海大众和一汽大众合资汽车公司。

图 3-1-42　大众公司商标

2. 大众汽车品牌

（1）大众。进口：辉腾、高尔夫 GTI、帕萨特 R36、途锐、Scirocco 尚酷、甲壳虫、CC 等，国产：迈腾、速腾、高尔夫、朗逸、POLO、途安、Tiguan 途观、帕萨特新领驭等。其代表车型有 2021 款新迈腾（见图 3-1-43）、2021 款朗逸（见图 3-1-44）、2021 款途观（见图 3-1-45）、2021 款高尔夫（见图 3-1-46）。

图 3-1-43　2021 款新迈腾

图 3-1-44　2021 款朗逸

图 3-1-45　2021 款途观

图 3-1-46　2021 款高尔夫

（2）奥迪（Audi）。1910 年由奥迪（Audi）、霍尔茨（Horch）、漫游者（Wanderer）和蒸汽动力车辆厂（DKW）四家公司联合成立了汽车联盟股份公司（Audi Auto Unio AG），1964 年被大众汽车公司收购，目前是大众汽车公司最大的子公司，总部设在德国的英戈尔施塔特。

公司的商标是四个半径相等的连环圆圈（见图 3-1-47），表示当初公司是由四家公司合并而成，如兄弟手挽手，共创大业，平等、互利和协作，意味着"团结就是力量"。奥迪汽车公司主要产品有 A3 系列、A4 列、A6 系列、A8 系列和敞篷车及运动车系列。奥迪 A4 是 1994 年 10 月投产的一种中高档轿车，其销售量在德国一直位居中型轿车销售排行榜的首位。奥迪 A6 轿车是一种高档轿车系列；奥迪 A8 轿车是 A 系列中最高档次的顶级车型，如 2021 款奥迪 A8L（见图 3-1-48）。

图 3-1-47　奥迪商标

图 3-1-48　2021 款奥迪 A8L

（3）兰博基尼。兰博基尼汽车公司创建于 1963 年。原是意大利超级跑车制造商，创始人是弗鲁西欧·兰博基尼（Ferruccio Lamborhini）。公司总部设在跑车之都莫德拉附近的圣·亚哥大（Sant Agata）。1998 年被大众公司下的奥迪子公司收购。公司商标是一头蛮劲十足的斗牛（见图 3-1-49），好像正准备向对手发动猛烈的攻击。据说公司创始人兰博基尼（其是金牛座）就是这种不甘示弱的牛脾气。同时，这也体现了兰博基尼汽车大功率、高速的特点。兰博基尼主要品牌有康塔什（Countach，意大利的俚语意思是"难以相信的奇迹"）、米拉（Miura）、大牛跑车（见图 3-1-50）。

图 3-1-49　兰博基尼商标

图 3-1-50　兰博基尼大牛 2021 款

（4）布加迪（Bugatti）。意大利布加迪汽车公司创建于 1909 年，创始人是埃多尔·布加迪（Ettoren Bugatti），艺术家出身的布加迪为了追求机器与艺术的完美结合。不计血本地制作了不少著名跑车，创造过多次汽车车速的世界纪录，轰动了世界车坛。1998 年，被大众公司收购。2004 年推出了布加迪威龙 EB164Veyron（见图 3-1-51）。公司汽车品牌布加迪的 T 系列轿车和 ID、DB 系列跑车（见图 3-1-52）都是精品之作。

图 3-1-51　布加迪威龙 EB164Veyron

图 3-1-52　布加迪 DB

五、现代汽车公司

1. 公司简介

现代汽车公司商标是在椭圆中的斜体字 H（见图 3-1-53），H 是现代汽车公司名 Hyundai 的第一个大写字母。椭圆既代表汽车的转向盘，又可以看作是地球，与中间的 H 结合在一起，代表了现代汽车遍布全世界，体现了现代汽车公司在世界腾飞这一理念，象征着现代汽车公司在和谐与稳定中发展。现代汽车公司成立于 1967 年，总部在韩国汉城（今为首尔），创始人是郑周永。

图 3-1-53　现代公司商标

2. 汽车品牌

现代汽车公司主要汽车品牌有现代（Hyduai）和起亚（KIA）（见图 3-1-54）两个。现代汽车公司的主要车型雅绅特（Accen）、索纳塔（Sonata）、伊兰特（Elantra）、百年世纪（Centennial）、酷派（Coupe）跑车、桑塔菲（SantaFe）、美佳（Matrix）、途胜（Tucson）以及奥托斯（Atos）等。索纳塔（见图3-1-55）是一款中高级汽车，是现代生产历史最长且具韩国特点的车型。

图3-1-54　起亚商标

图3-1-55　2021款索纳塔

六、本田汽车公司

1. 公司简介

本田商标是从来自世界各地的2 500多件设计图稿中确定的，三弦音箱式商标（见图3-1-56），也就是带框的"H"，图案中的H是"本田"拼音HONDA的第一个字母。这个标志体现了本田公司年轻、技术先进、设计新颖的特点。该设计把技术创新、团结向上、经营有力、紧张感和轻松感表现得淋漓尽致。

图3-1-56　本田商标

1948年，本田宗一郎创建了本田公司。现有雇员总数达3万人左右，在世界29个国家拥有了110个生产基地，2020年，汽车销售量80.9万辆，居世界第七，是日本第二大汽车公司。本田公司素有日本汽车技术发展"排头兵"之称。它的电子陀螺仪、四轮防侧滑电子控制器、自动控制车身高度电子装置和复合涡流调整燃烧发动机都是世界上汽车高技术的领先成果。

2. 汽车品牌

本田汽车公司主要的品牌有本田（Honda）、阿库拉（Acura）。

（1）本田汽车。本田品牌下的主要车型有雅阁（Accord）、思域（Civic）、奥德赛（Odessy）、飞度（Fit Saloon）等。

雅阁（Accord）（见图 3-1-57）是日本汽车历史上最成功的车型之一，从 1976 年问世以来雅阁已经历十代。思域（Civic）（见图 3-1-58）是标准家庭用轿车的代表，历来处于时代的领先地位。它具有良好的驾乘乐趣、经济性、优越的安全和环保性能、宽敞的室内空间以及合理的价格等优点是本田汽车产品系列中最畅销的一款。

图 3-1-57　雅阁十代

图 3-1-58　2021 款本田思域

（2）阿库拉（Acura）品牌。阿库拉是本田汽车公司在美国的高档豪华车品牌。它诞生于 1986 年 3 月，现有 RL、TSX、RSX、NSY 和 MD 等车型，其商标见图 3-1-59。

图 3-1-59　阿库拉商标

七、标致-雪铁龙汽车集团

1. 公司简介

标致-雪铁龙汽车集团（简称 PAS 集团），由法国标致汽车公司和雪铁龙汽车公司组成。1976 年，标致公司兼并了雪铁龙公司，成为世界十大汽车公司之一，也是欧洲第二、法国最大的汽车集团公司。

2. 汽车品牌

标致-雪铁龙汽车集团主要品牌有标致（PEUGEOT）和雪铁龙（CITROEN）等。

（1）标致。标致商标是一只狮子（见图 3-1-60），狮子历来是凶悍、英武和高贵的象征，古埃及的巨大雕塑"司芬克司"就是狮身人面像，以代表法老的威严和英武。标致商标中的狮子，简洁、明快、刚劲、有力，衬托出标致汽车的力量和节奏感。

标致汽车从 1929 年起采用三位数字命名法，第一位数字与车长相关，最后一位是年代顺序，0 在中间补位，并将 101 到 909 的数字组合全部注册为它的汽车商标。

目前主要品牌车型有标致 205、206、206CC、306、307（见图 3-1-61）、406、605、607 和 807 等。

图 3-1-60 标致商标

图 3-1-61 标致 307

（2）雪铁龙。雪铁龙汽车创造大胆，组合科技，具有艺术魅力。产品有低中档次，其中ＺＸ曾经是欧洲最畅销的两厢汽车，它具有后轮从动转向技术功能，中国神龙汽车就是引进ＺＸ车技术生产的。雪铁龙创始人安德烈·雪铁龙，1900 年发明了人字斜齿轮，获专利。商标是两个人字（见图 3-1-62），显示人字形齿轮，以宣扬其创新，也反映出法国人生性开朗、爱赶时髦、追求新颖和漂亮的性格，散发着法国人的浪漫气息。雪铁龙轿车有"法国第一夫人"的美称。

雪铁龙目前的代表车型有 C3、C5、C6（见图 3-1-63）、毕加索（Pieasso）、萨拉（Sara）和桑蒂亚（Xantia）等。

图 3-1-62 雪铁龙商标

图 3-1-63 2020 款雪铁龙 C6

八、克莱斯勒汽车公司

1. 公司简介

克莱斯勒从最早的"荣誉奖章"式的标志，经过一系列的变化，克莱斯勒集团最终确定了这个堪称完美勋章一样的既体现出时代感，又体现出历史厚重感的设计，曲曲折折，坎坎坷坷，但终究修成正果（见图 3-1-64）。这个图形的克莱斯勒车标像一枚五角星勋章，它体现了克莱斯勒家族和公司员工们的远大理想和抱负，以及永无止境地追求和在竞争中获胜的奋斗精神；五角星的五个部分，分别表示五大洲（亚、北、欧、美、澳）都在使用克莱斯勒汽车公司的汽车，克莱斯勒汽车公司的汽车遍及全世界。而最终确定的克莱斯勒商标则是 1990 款标志的升华，寓意着对速

图 3-1-64 克莱斯勒商标

度的追求，拥抱未来。

克莱斯勒以生产轿车为主，各种载货汽车也得到较大发展。也发展非汽车产业，主要有航空发动机、防卫设备及金融服务等。

2. 汽车品牌

公司主要汽车品牌有克莱斯勒、吉普等。

（1）克莱斯勒（Chrysler）。克莱斯勒品牌下的著名车型有 PT Cyuiser、LHS、君王（Concorde）、纽约客（New Yorker）和卷云（Cirrus）等中高档轿车，300C、300S（见图 3-1-65）以及 300Hime 等系列运动型高级轿车。

（2）吉普（Jeep）。吉普品牌车型主要有牧马人（Wrangler）（见图 3-1-66）、切诺基（Chero-kee）、自由（Liberty）和大切诺基（Grand Cherokee）（见图 3-1-67）。切诺基是吉普家族一个著名的越野跑车，从 20 世纪 80 年代畅销到现在；大切诺基是吉普的优秀代表，其强劲的动力和电子全时驱动系统使它成为越野车的新霸主。"切诺基"取自美洲印第安部族切诺基人，世代居住山区，能攀善爬，喻示该车越野性好。

图 3-1-65　克莱斯勒 300S

图 3-1-66　2021 款牧马人

图 3-1-67　2020 款大切诺基

九、宝马汽车公司

1. 公司简介

1916 年，宝马汽车公司前身巴依尔飞机制造厂成立，以制造侦察机闻名于世。创始人是吉斯坦·奥托（Gustan Otto），其父是鼎鼎大名的四冲程内燃机的发明家奥托（Otta）。1917 年公司更名为宝马（BMW）公司。

宝马公司商标（见图 3-1-68），采用宝马公司名称 BMW 和飞机螺旋桨图案。蓝色代表蓝天、白色代表白云，飞机螺旋桨表

图 3-1-68　宝马商标

示宝马公司过去在航空发动机技术方面的领先地位，象征公司的一贯宗旨和目标：在广阔时空中，以最新的科学技术、最先进的观念，满足顾客的最大愿望。反映了公司蓬勃向上精神和日新月异的新面貌。宝马汽车的性能优异是世人所公认的。

2. 汽车品牌

宝马汽车公司主要汽车品牌有宝马、劳斯莱斯、迷你等。

（1）宝马（BMW）。汽车品牌有宝马3系、5系、7系和8系列豪华小轿车。

（2）劳斯莱斯（ROLLS-ROYCE）。劳斯莱斯汽车公司成立的创始人是劳斯（ROLLS，法国汽车商）和莱斯（ROYCE，英国汽车工程师），由劳斯负责投资营销，莱斯提供发明专利，给汽车起名为劳斯莱斯。

1998年6月被宝马出资4 000万英镑购买劳斯莱斯商标和标志，并与大众签订协议宝马从2003年开始生产劳斯莱斯牌轿车。劳斯莱斯商标是双R（见图3-1-69左），是劳斯（ROLLS）与莱斯（ROYCE）的第1字母，两个字母交叉，表示你中有我、我中有你、团结奋斗、携手共进。

图 3-1-69　劳斯莱斯商标

劳斯莱斯的另一个传统标志是具有古典风格的"飞翔女神"雕像（见图3-1-69右），1911年由艺术家查理·斯萨科斯设计。据说其灵感来自巴黎卢浮宫艺术品走廊的一尊古希腊女神雕像，身披轻纱的"飞翔女神"两臂后伸，体态轻盈、风姿绰约。

劳斯莱斯汽车以外形独特、古香古色、性能优越著称于世，是当今世界最豪华、最尊贵的汽车，被誉为帝王之车。由于英国多位女王都曾选用，也被誉为"女王车"。

十、戴姆勒-奔驰公司

1. 公司简介

1883年，德国的汽车发明家卡尔·本茨（Karl Benz）在曼海姆建立奔驰汽车公司。

1926年，奔驰与戴姆勒两家公司合并，改名为戴姆勒-奔驰公司。他们生产的所有汽车都命名为"梅赛德斯-奔驰（Mercedes Benz）"。

1988年，戴姆勒-奔驰汽车公司与克莱斯勒汽车公司合并。成立戴姆勒-克莱斯勒汽车公司，开创了世界大汽车集团跨国合并的先例。2007年，戴姆勒-奔驰和克莱斯勒集团分开各自独立经营。

戴姆勒-奔驰汽车公司在国内有6个子公司，国外有23个子公司，雇员185万人，总部设在德国的斯图加特。2007年，汽车产量119万辆，排名世界第十一，居德国第二，销售额为德国第一。戴姆勒-奔驰汽车公司在我国有北方奔驰重型汽车公司、江苏的亚星奔驰汽车公司等合资企业。

戴姆勒商标图案是一个圆环围着一颗三叉星（见图3-1-70）。三叉星形似简化了的汽车转向盘，表示在陆海空领域全方位的机动，圆环显示其汽车营销全球的发展势头。戴姆勒与奔驰公司合并后，也常以该商标作为公司商标，置于汽车前端散热器上，随车高速奔驰，迎风傲立，气度高雅。戴姆勒-奔驰商标由奔驰和戴姆勒商标组合而成（见图3-1-71）。

图3-1-70 戴姆勒商标

图3-1-71 戴姆勒-奔驰商标

2. 汽车品牌

戴姆勒-奔驰汽车公司主要汽车品牌有梅赛德斯-奔驰、迈巴赫等。

（1）梅赛德斯-奔驰（Mercedes Benz）。梅赛德斯-奔驰汽车目前有13个系列共122个品种。奔驰轿车共分四大类别，A级（微型轿车）、C级（小型轿车）、E级（中型轿车）、S级（大型豪华轿车）。各型号以发动机排量区别，例如C200型轿车的发动机排量是1998ml，C250 D型轿车的发动机排量是2479ml，D指柴油发动机。

（2）迈巴赫（Maybach）。威尔海姆·迈巴赫（Wilhelm Maybach）是戴姆勒汽车公司的创始人之一，担任总工程师。Maybach品牌商标由两个交叉的M围绕在一个球面三角形组成（见图3-1-72），两个M是迈巴赫汽车（Maybach Motoren-bau）的缩写。迈巴赫是戴姆勒-奔驰汽车公司的超豪华顶级轿车品牌（见图3-1-73）。

图3-1-72 迈巴赫商标

图3-1-73 迈巴赫

十一、菲亚特集团

1. 公司简介

菲亚特商标几经变迁（见图3-1-74），图中"FIAT"为公司全称（Fabbrica Liliana Auto-

Mobiledi Torino）四个单词的第一个大写字母，"FIAT"在英语中具有"法令""许可"的含义，因此在客户的心目中，菲亚特轿车具有较高的合法性与可靠性，深得用户的信赖。

图 3-1-74　菲亚特商标演变

1899 年，乔瓦尼·阿涅利创建了意大利都灵汽车制造厂，菲亚特（FIAT）是该公司缩写的译音，总部设在意大利都灵市。

菲亚特集团汽车部雇员 27 万人，在 100 多个国家有子公司和销售机构。工程车辆公司有依维柯公司。菲亚特汽车集团几乎垄断了意大利汽车、拖拉机、工程机械、飞机制造、生物工程、土木工程以及能源工程等许多技术生产领域，这在世界汽车工业中是罕见的。该企业在 2007 年度《财富》全球 500 强中名列第 84 位。1999 年 4 月，菲亚特与我国南京跃进汽车集团合资组成南京菲亚特合资公司。

2. 汽车品牌

菲亚特汽车公司主要汽车品牌有菲亚特、法拉利、阿尔法·罗密欧、蓝旗亚和玛莎拉蒂等。

（1）菲亚特（Fiat）。菲亚特汽车品牌主要有熊猫（Panda）、派力奥（Palio）、西耶那（Siena）、派力奥周末款（Paliowe）、鹏托（Abarth）以及多宝（Doblo）等。

（2）法拉利（Ferrari）。法拉利商标由字母和图案组成（见图 3-1-75），下面的字母为创始人法拉利（Ferrari），图案"跃马"原来是红色，后来为纪念意大利飞行员巴拉克作战勇敢、屡建战功、为国捐躯而改为黑跃马。以跃马作为跑车商标和赛车吉祥物，比喻奔腾向前、搏击长空、一定取胜，与法拉利跑车的刚劲和难以言喻的经典红色造型相结合，更显法拉利跑车魔鬼般令人晕眩的震撼力。2007 年，公司推出法拉利 F2007（见图 3-1-76）。

图 3-1-75　法拉利商标　　　　图 3-1-76　法拉利 F2007

法拉利汽车大部分采用手工制造，年产量只有 4 000 辆左右，发动机最高转速可达 7 000r/min，功率超过 368kW，最高车速可达 300km/h 小时。每一辆法拉利汽车，都可以说是一件绝妙的艺术品。

知识库

大众 LOGO 演变过程

2019 年大众集团发布了一则广告宣传片，片尾读 LOGO 的声音改为女声，这是大众集团特邀德国著名配音演员来配的音，由此可见，大众想要在未来把品牌打造的足够年轻、足够活力，而在法兰克福车展上，可观察到大众的 LOGO 也发生了细微的变化。一个品牌 LOGO 标志的变化一定与它想要呈现给市场定位的信息有关，大众汽车 LOGO 的演变见图 3-1-77。

图 3-1-77 大众汽车 LOGO 演变

新 LOGO 看着更加简洁，视觉上取消了 3D 效果，颜色分别为蓝白和黑白。就像大众集团发布的那条广告宣传片中所展示的一样，大众汽车将外在一切简化，专注于本质上的内容，在未来发展中把自己定位为一种年轻，科技以及时尚的品牌形象。

最近几年大众汽车不断打破常规、不断创新，让新款车型更美观，更潮流。

拓展提升

一、拓展任务

车标一般都是大家平时比较容易忽视的，但对于一个品牌来说车标就是灵魂，是图腾，蕴含着一个品牌的造车理念以及精神。车标本没有好看或不好看之分，具体根据个人审美决定，各花入各眼。选择一个你喜欢的车标，描述你喜欢的原因。

二、拓展训练

1. 汽车车标演变的过程以及意义？
2. 汽车车标对于汽车的品牌的意义？

部分国外汽车

探寻反思

探寻完本次课程后，您有何感想，请填写下表。

国外汽车公司及车标
一、学习目标：这节课的学习达到您期望的水平了吗？您满意吗？
二、学习内容：本次探寻有哪些问题没有解决？为什么？或者让您觉得不足的地方在哪里？
三、学习过程：本次探寻中有哪些精彩瞬间，您最满意的地方或者让您最兴奋的地方在哪里？
四、学习方法：如果让您重新探寻本次课程，您会怎样学习？有什么新想法吗？

探寻二 中国汽车公司及车标

情景引入

随着第一辆红旗轿车诞生，中国汽车制造也就有几十年的历史。中华人民共和国成立后，中国汽车产业的发展过程可以分成四个阶段：启蒙阶段、创立阶段、成长阶段、飞跃阶段。

探寻目标

- 知识目标

1. 了解中国汽车工业的发展阶段。
2. 掌握我国汽车公司的发展现状。

- **技能目标**
1. 具备识别国产汽车车标的能力。
2. 具备探寻问题并归纳总结的能力。
- **情感目标**

通过探寻汽车公司的发展历程，满足学生的求知欲和好奇心。

相关知识

一、中国第一辆汽车

1901年一个叫李恩思的匈牙利人将两辆美国生产的奥兹莫比尔汽车从香港运到上海，从此中国开始出现汽车。

中国现在保存最早的汽车，车名叫"图利亚"（见图3-2-1），是1901年慈禧太后66岁寿辰时，直隶总督袁世凯特地从美国进口的，作为寿礼敬献给慈禧。

慈禧对洋司机不放心，于是便让李莲英招纳学开汽车的人，最后京郊哈德门一位名叫孙富龄的人很快学会了开车，成了我国第一个汽车驾驶员，也是世界上唯一跪着开车的汽车驾驶员。由于跪着手脚难以配合，于是，他想出了一个主意，用破棉絮堵死油管，谎称汽车坏了。当时国内没有人会修汽车，慈禧也就再也没有提起这辆车。从此，这辆进口轿车也就悄无声息湮没在历史的烟雾之中了。

图3-2-1 图利亚

二、旧中国的制造汽车梦

1903年以后，上海已陆续出现了从事汽车或零件销售、汽车出租的洋行。1929年汽车进口量已达8 781辆，世界各国汽车蜂拥而入。1930年中国汽车保有量为38 484辆，却没有一辆是国产汽车。不少有志之士，都想制造中国的汽车，可是限于当时的条件，都没有实现。

最早提出要建立中国汽车工业的是孙中山，张学良是第一个组织生产国产汽车的人。1929年5月，张学良在奉天迫击炮厂附设民用品工业制造处，主要生产民生用具，制造汽车内饰材料和各种皮革。他先后拨款70余万元，作为国产汽车的试制和生产费用。工厂聘请了美籍技师麦尔斯为总工程师，并聘请国内外大学和专科毕业的技术人员担任工厂的重要职务。李宜春从美国购进"瑞雷"号载货汽车散件，运回厂内自行组装整车，于 1931 年 5 月 31 日，仿制出载重量为 2t、最高车速为 40km/h 的民生牌 75 型载货汽车。1931 年 9 月 12 日，在全国道路建设协会主办的上海市展览会上，展出这辆棕色的民生牌汽车。正当人们为中国人有了自己的汽车而欢喜时，"九一八"事变爆发了，民生汽车出生地沦陷了，工厂被日军侵占，即将完成的首批汽车及零件被日军全部拖走，向美国订购并已运到牛庄（今营口市）的 46 台汽油机，只得转运天津，刚刚萌芽的中国民族汽车制造工业就这样被扼杀了。

三、中国汽车工业发展的初创阶段（1949—1965 年）

在初创阶段，首先建成了中国第一汽车制造厂，实现了中国汽车工业零的突破；建立了南京汽车制造厂、上海汽车制造厂、济南汽车制造厂、北京汽车制造厂，形成了五个汽车生产基地。

1953 年 7 月 15 日，在长春孟家屯举行了隆重的第一汽车制造厂建设奠基典礼，毛主席亲笔题词"第一汽车制造厂奠基纪念"汉白玉基石被放在基座上，中国第一汽车制造厂的建设从此拉开了序幕，开始了我国汽车工业史上一场规模宏大的建设。

1956 年 7 月 15 日，第一批国产解放牌汽车（见图 3-2-2）从总装配线上驶出，这表明中国不能制造汽车的历史从此结束，圆了几代中国人的汽车梦。

毛泽东主席亲自为新车题名"解放"（见图 3-2-3），这是一汽人的骄傲，也是一汽人的特有的殊荣。因为由党和国家最高领导为一种产品命名，是绝无仅有的。

图 3-2-2 第一批国产解放牌汽车　　图 3-2-3 "解放"牌汽车手写体商标

1958 年 5 月 5 日，中国第一辆自己制造的轿车终于在一汽人手中完成了，从而揭开了我国民族轿车工业的历史篇章。我国第一辆国产小轿车（见图 3-2-4）当时并不叫"红旗"，叫"东风"，是"红旗"的前身，定牌为 CA71。1958 年 7 月，又试制出红旗 CA72 型高级轿车。"红旗"CA72 轿车从外表上看它与普通的"大红旗"无大差别，只是略微高大一些，实际上该车（见图 3-2-5）全身装甲，底盘防爆，防弹的车窗玻璃厚达十几毫米，轮胎能自动修补。从 1965 年到 1981 年，毛泽东等中央主要领导配用的专车都是国产"红旗"轿车。

图 3-2-4 中国第一辆国产小轿车

图 3-2-5 第一辆防弹大红旗

到 1966 年，我国汽车工业已形成第一汽车制造厂、南京汽车制造厂、上海汽车制造厂、济南汽车制造厂、北京汽车制造厂五个汽车生产基地，基本填补了汽车类型的空白。

四、中国汽车工业发展成长阶段（1966—1980 年）

在成长阶段，我国先后兴建了第二汽车制造厂、四川汽车制造厂和陕西汽车制造厂三个主要生产军用越野汽车，开发矿用自卸汽车和重型汽车的汽车制造厂。五个老汽车生产基地为建设和支援二汽、川汽、陕汽作出了巨大贡献，其自身也得到了一定发展。地方积极建设汽车制造厂，汽车生产的分散局面已经形成。

五、中国汽车工业的全面发展阶段（1981 年至今）

十一届三中全会，确立了改革开放的路线，中国汽车工业也随之揭开了新的一页。在这一阶段，党和政府提出要把汽车工业发展成为支柱产业；在产量不断提高的同时，加快进行产品结构调整，形成比较完整的汽车产品系列；改变过去那种封闭的发展模式，引进国外先进技术和资本；轿车工业迅猛发展，由此也拉开了汽车进入家庭的序幕。

进入 21 世纪，越来越多的国际汽车品牌在中国生产和销售，给中国的汽车工业带来了前所未有的活力和动力，连续井喷的中国汽车市场出现了进口品牌、合资品牌、民族品牌汽车争相斗艳的精彩局面。奇瑞和吉利就是民族品牌中的两员。他们利用其独立、灵活的优势，以初生牛犊不怕虎的精神，从汽车产品的引进开发起步，形成了自主开发和联合开发并举的新思路及与世界一流品牌相近的技术开发能力，挑战合资品牌汽车，在中国汽车市场占有举足轻重的地位。

1. 奇瑞汽车

奇瑞汽车有限公司成立于 1997 年，前身是安徽汽车零部件公司，它是由安徽省及芜湖市五个投资公司共同投资兴建的国有大型股份制企业。占据着承东启西、连接南北的枢纽地位，是长江流域重要的工业基地和物流中心。

从诞生之日起奇瑞就展现出鸿鹄之志，早在 2001 年 2 月就通过了由国家轿车质量检测中心、质量认证体系中心组织的 ISO 9001 体系认证，2002 年 8 月又通过了德国莱茵公司的现场审核，从而成为国内首家通过目前国际上最严格、最先进的汽车生产质量控制体系 ISO/TS16949 标准认证的整车制造企业。

2002 年 10 月，由 IBM 公司参与实施的 SAP/ERP 项目正式上线运行，SCM 的建成和投入使用、CRM 一期项目的投入使用，使奇瑞公司企业管理与工作流程上实现了与国际同步。奇瑞拥有 QQ（见图 3-2-6）、东方之子、旗云及奇瑞 V5（见图 3-2-7）、奇瑞 A5、瑞虎系列车型。

图 3-2-6　奇瑞 QQ

图 3-2-7　奇瑞 V5

奇瑞汽车有限公司标志（见图 3-2-8）。奇瑞车标整体由英文字母 CAC（Chery Automobile Corporate）的变形重叠形式组成，奇，有"特别"的意思；瑞，有"吉祥如意"的意思，合起来就是特别吉祥如意。CHEERY（中文意思为"欢呼、兴高采烈"）减去一个"E"而来，表达了企业努力追求、永不满足现状的理念。标志中间的 A 字为变体的"人"字，代表以人为本的设计和管理理念。标志两边的 C 字向上环绕如同人的两个臂膀，象征一种团结和力量。标志的两个 C 字环绕成地球的椭圆状，中间的 A 字在上方的断开处向上延伸，预示着奇瑞公司潜力无限。整个标志又是 W 和 H 两个字母的交叉变形体设计，为芜湖一词的汉语拼音的声母，表示公司的生产制造地在芜湖市。整个图标形状似一只牛头，意即对内团结一致、生产出好的产品、为用户提供好的服务，对外勇于开拓市场。

图 3-2-8　奇瑞商标

2. 吉利汽车公司

吉利控股集团（简称吉利）是中国最早，也是最大的民营汽车生产企业，创建于 1986 年 11 月 6 日，其前身是位于浙江省台州市路桥区的黄岩县制冷元件厂，创始人是李书福。

1997 年吉利开始进入汽车产业，1998 年 8 月 8 日吉利自主研发的第一台轿车吉利豪情二厢轿车在临海正式下线。经过五年的不懈努力，吉利以产销量年平均增长 117% 的速度进入中国国内汽车制造企业"3+6"主流格局。2003年上海大众总经理、一汽集团副总裁、东风汽车研究院院长、南京菲亚特总工程师、德国宝马公司中国首席代表、奔驰公司中国区售后服务公司总经理等一批汽车行业精英加盟吉利。吉利控股集团现拥有临海、宁波、台州、上海四大整车制造基地；下设浙江吉利国润、豪情、上海华普国润三个汽车整车制造公司；发动机制造公司；变速箱制造公司；吉利汽车研究院及吉利、华普、美人豹、上海吉利美嘉峰国际贸易股份有限公司四个销售公司和吉利汽车全天候服务公司。

吉利汽车控股集团主要车型有：豪情、美日、美人豹、优利欧、自由舰（见图3-2-9）、豹风、华普、金刚（见图3-2-10）八个汽车品种。吉利收购沃尔沃汽车公司包含沃尔沃汽车公司旗下的所有产品和技术，国外还有XC70、V40、V50等车型，但没有引进国内销售。

图3-2-9 吉利自由舰

图3-2-10 吉利金刚

吉利汽车这几年畅销的车有远景系列（见图3-2-11）、帝豪系列（见图3-2-12），销量都在国内位列前茅。潮流设计，超高的性价比，符合了当代年轻人的需求。

图3-2-11 2021款远景X3-PRO

图3-2-12 帝豪S

吉利汽车LOGO（见图3-2-13），延续了品牌3.0时代的六块宝石设计理念，展示了吉利汽车对广袤宇宙的追求。LOGO更具质感和科技感，令吉利汽车品牌的形象焕发全新气息。椭圆LOGO象征地球，表示吉利面向世界、走向国际化。六个宝石设计取"六六大顺"的意思，表明中华优秀传统文化的底蕴才是吉利不断发展超越的精神源泉。

图3-2-13 吉利商标

3. 比亚迪汽车有限公司

比亚迪股份有限公司，创立于1995年，2002年7月31日在香港主板发行上市，公司总部位于中国广东深圳，是一家拥有IT、汽车及新能源三大产业群的高新技术民营企业。比亚迪在广东、北京、陕西、上海、天津等地共建有九大生产基地，总面积将近700万平方米，并在美国、欧洲、日本、韩国、印度等国和中国台湾、香港地区设有分公司或办事处，现员工总数将近20万人。

比亚迪的英文名称BYD，比亚迪公司用其企业文化"build your dreams"来诠释，意为"成就梦想"。比亚迪LOGO在2007年已由蓝天白云的旧标（见图3-2-14）换成了只用三个字母和一个椭圆组成的标志（见图3-2-15）。

图3-2-14　比亚迪原商标

图3-2-15　比亚迪现商标

比亚迪的F3（如图3-2-16所示），在刚上市时销量很不错，最顶峰时期月销量能达到3万台，所以比亚迪F3的意义不仅让国人认识了品牌，最重要的是赚到钱和找到了造车方向。直到如今，比亚迪F3依然在售，依然是该品牌最便宜的车型。

后来，比亚迪慢慢摆脱了逆向开发的思路，给消费者带来越来越多的原创产品，近年来颜值可谓达到了新高度，并且创立了秦、宋、元、汉（见图3-2-17、图3-2-18、图3-2-19）等系列。而更重要的，比亚迪在新能源汽车领域有突出表现，其刀片电池技术行业领先，海外品牌也寻求与其合作。

图3-2-16　比亚迪F3

图3-2-17　比亚迪宋

图 3-2-18　比亚迪秦

图 3-2-19　比亚迪汉

知识库

什么是新能源汽车？

新能源汽车是指采用非常规的车用燃料作为动力来源（或使用常规的车用燃料、采用新型车载动力装置），综合车辆的动力控制和驱动方面的先进技术，形成的技术原理先进、具有新技术、新结构的汽车。

新能源汽车包括四大类型：混合动力电动汽车（HEV）、纯电动汽车（BEV，包括太阳能汽车）、燃料电池电动汽车（FCEV）、其他新能源（如超级电容器、飞轮等高效储能器）汽车。非常规的车用燃料指除汽油、柴油之外的燃料。

2020年11月，国务院办公厅印发《新能源汽车产业发展规划（2021—2035年）》，要求深入实施发展新能源汽车国家战略，推动中国新能源汽车产业高质量可持续发展，加快建设汽车强国。

中国新能源汽车之所以能够发展得如此之快，离不开国家政策的良性扶持。中国之所以大力扶持新能源汽车，一方面是为了防止大气污染的扩大化，同时也能够有效降低中国对石油这一战略资源的依赖；另一方面也是深知自主品牌燃油车相较于德系、日系这些汽车品牌，无论是在技术还是品牌底蕴都有不小的差距，而新能源汽车的出现就是中国汽车品牌实现弯道超车的绝佳时机。

当然，中国对新能源汽车的政策扶持也是阶段性的。从2009年新能源汽车政策引导众多车企纷纷入局，到如今的双积分政策对车企新能源化的强制属性，以及对消费者逐渐减少的新能源汽车补贴政策都可以看得出来。中国新能源汽车技术已经逐渐不再依赖政策福利的扶持，而消费者也逐渐开始接受新能源汽车。

中国的新能源汽车有着政策的大力扶持，有着广袤的汽车市场，还有传统车企与造车新势力之间的良性竞争，在这样良好的环境下，中国成为新能源汽车超级大国似乎是理所当然的事情。

拓展提升

一、拓展任务

通过对新能源汽车的了解，学生查阅相关资料，对纯电动车、混合动力汽车的优缺点进行分析。

| 国产排名前十的新能源汽车 | 部分国内汽车 |

二、拓展训练

新能源汽车向着怎样的趋势发展？

探寻反思

探寻完本次课程后，您有何感想，请填写下表。

中国汽车公司及车标
一、学习目标：这节课的学习达到您期望的水平了吗？您满意吗？
二、学习内容：本次探寻有哪些问题没有解决？为什么？或者让您觉得不足的地方在哪里？
三、学习过程：本次探寻中有哪些精彩瞬间，您最满意的地方或者让您最兴奋的地方在哪里？
四、学习方法：如果让您重新探寻本次课程，您会怎样学习？有什么新想法吗？

话题四

汽车基本结构及工作原理

汽车的基本结构包括发动机、底盘、车身和电气设备。发动机是汽车的重要组成部分，它为汽车的行驶提供了动力；底盘用来支撑和安装汽车发动机等车身零件，保证汽车能够正常行驶；车身安装在汽车底盘上，构成汽车的外形；电气设备主要由电源和用电设备构成。

通过本章的学习，让学生了解汽车的基本结构及工作原理。掌握汽车发动机及汽车底盘的结构、工作原理等知识。

探寻一 汽车发动机

情景引入

汽车发动机是为汽车提供动力的装置，是汽车的心脏，决定着汽车的动力性、经济性、稳定性和环保性。根据动力来源不同，汽车发动机可分为柴油发动机、汽油发动机、电动汽车电动机以及混合动力等。常见的汽油机和柴油机都属于往复活塞式内燃机，是将燃料的化学能转化为活塞运动的机械能并对外输出动力。

探寻目标

• **知识目标**

1. 了解汽车发动机的分类。
2. 认识汽车发动机各组成部分。

• **技能目标**

1. 培养较强的探寻问题并归纳总结的能力。
2. 能够区分发动机的分类形式。
3. 能够较好地阐述发动机各组成部分的作用。

• **情感目标**

1. 通过对汽车发动机的学习,逐渐形成学习兴趣和自信心。
2. 培养学生善沟通、能协作的专业素养。

相关知识

一、认识汽车发动机

汽车发动机是为汽车提供动力的装置,被称为汽车的"心脏",是将燃料燃烧产生的热能转换为机械能的能量转换装置。汽车发动机总成见图 4-1-1。

1. 发动机的布置形式

发动机可以说是汽车上最重要的部分,而它的布置形式对于汽车的性能具有重大影响。对于轿车来说,发动机的布置形式分为前置、中置和后置三种。

(1)发动机前置,即发动机安装在前轮轴之前(见图 4-1-2)。前置发动机的优点是简化了汽车变速器与驱动桥的结构,省略了长长的传动轴,不但减少了功率传递损耗,也大大降低了动力传动机构的复杂性和故障率。

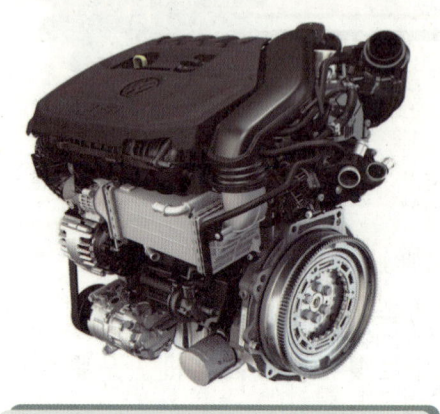

图 4-1-1 汽车发动机总成

图 4-1-2 前置发动机

（2）中置发动机，即发动机位于车辆的前后轴之间（见图4-1-3），将车辆中惯性最大的发动机置于车体的中央，这样可以使车身重量分布接近理想平衡状态。一般来说，只有那些超级跑车或者讲究驾驶乐趣的跑车才采用中置发动机。

（3）后置发动机，即发动机布置在后轴之后（见图4-1-4），最有代表性的就是大客车，而后置发动机的乘用车屈指可数，最有代表性的是保时捷911。

图 4-1-3　中置发动机

图 4-1-4　后置发动机

2. 发动机的分类（按所用的燃料种类）

按照所用燃料种类，汽车发动机可以分为液体燃料发动机，主要有汽油发动机（见图4-1-5）、柴油发动机（见图4-1-6）、醇类燃料发动机（见图4-1-7）；气体燃料发动机，主要有压缩天然气发动机（见图4-1-8）、液化石油气发动机（见图4-1-9）、液化天然气发动机（见图4-1-10）；液－气双燃料发动机（见图4-1-11）。

图 4-1-5　汽油发动机

图 4-1-6　柴油发动机

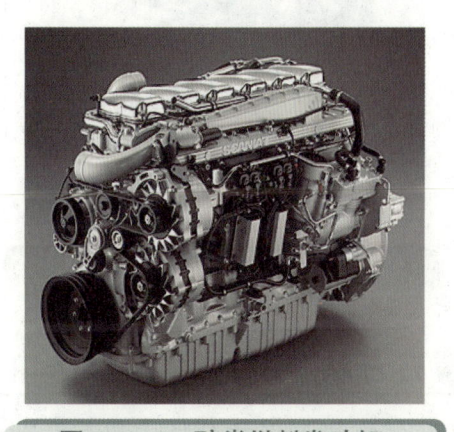

图 4-1-7　醇类燃料发动机

图 4-1-8　压缩天然气发动机

图 4-1-9　液化石油气发动机

图 4-1-10　液化天然气发动机

图 4-1-11　双燃料发动机

3. 发动机分类（按气缸数目）

按照发动机气缸体气缸数目的不同，汽车发动机分为单缸发动机（见图4-1-12）和多缸发动机（见图4-1-13）。现代汽车发动机多采用四缸发动机、六缸发动机、八缸发动机。

图 4-1-12　单缸发动机

图 4-1-13　多缸发动机

4. 发动机分类（按气缸排列形式）

按照气缸排列形式分类，汽车发动机有直列（见图4-1-14）、V型（见图4-1-15）和水平对置（见图4-1-16）三种。

图 4-1-14　直列发动机　　图 4-1-15　V型发动机　　图 4-1-16　水平对置发动机

5. 发动机分类（按冷却方式）

按照发动机冷却方式的不同，汽车发动机分为水冷发动机（见图 4-1-17）和风冷发动机（见图 4-1-18）。

图 4-1-17　水冷发动机　　　　　　　图 4-1-18　风冷发动机

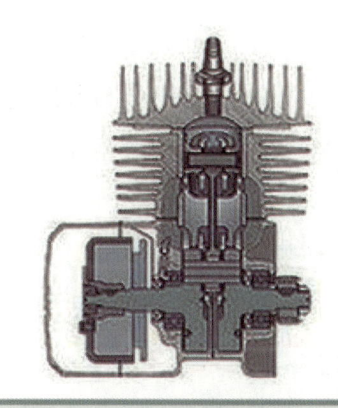

6. 发动机分类（按活塞行程数）

按照发动机一个工作循环活塞往复运动的行程数进行分类，发动机分为二冲程发动机（见图 4-1-19）和四冲程发动机（见图 4-1-20）。

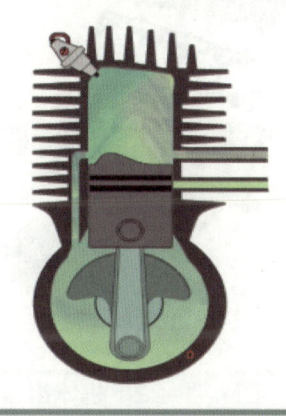

图 4-1-19　二冲程发动机　　　　　　图 4-1-20　四冲程发动机

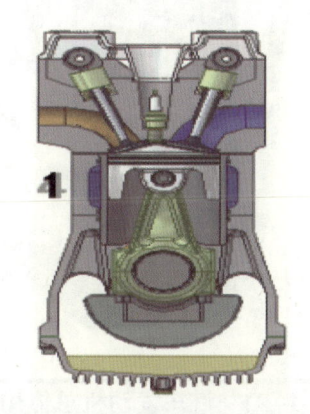

7. 发动机分类（按着火方式）

按照发动机着火方式的不同，汽车发动机可以分为点燃式发动机和压燃式发动机。点燃式发动机是利用火花塞两电极间的电弧放电原理，使可燃混合气点燃而迅速着火燃烧。压燃点火是柴油发动机的一种点火方式，柴油的自燃温度低（220℃左右），依靠压缩行程将混合气压缩到燃点，使其自动着火。

8. 发动机分类（按进气状态）

按进气状态不同，可分为增压发动机和自然吸气发动机两类。增压发动机可以在不增加发动机排量的情况下，大幅度提高发动机动力，所以应用越来越广泛。

二、发动机总体组成

汽车发动机是由五大系统和两大机构组成的（见图4-1-21），两大机构是曲柄连杆机构和配气机构，其中，曲柄连杆机构包括机体组、活塞连杆组、曲轴飞轮组；五大系统是燃料供给系统，冷却系统，润滑系统，点火系统，起动系统。柴油机没有点火系统。

1. 机体组

功用：机体组是发动机的支架，是曲柄连杆机构、配气机构和发动机各系统主要零部件的装配基体。

组成：主要由气缸盖罩、气缸盖、气缸垫、机体、曲轴箱、油底壳等组成（见图4-1-22）。

图4-1-21　汽车发动机总体构造

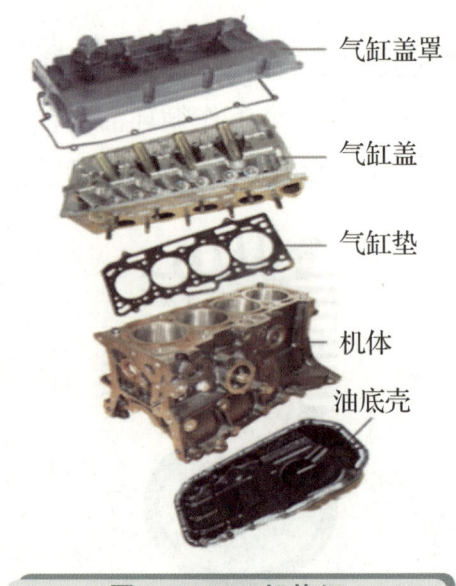

图4-1-22　机体组

气缸体和上曲轴箱常铸成一体，称为气缸体-曲轴箱，也可称为气缸体。气缸体一般用灰铸铁铸成，气缸体上部的圆柱形空腔称为气缸，下半部为支承曲轴的曲轴箱，其内腔为曲轴运动的空间。在气缸体内部铸有许多加强筋，冷却水套和润滑油道等。

气缸盖安装在气缸体的上面，从上部密封气缸并构成燃烧室。它经常与高温高压燃气相接触，因此承受很大的热负荷和机械负荷。水冷发动机的气缸盖内部制有冷却水套，缸盖下端面的冷却水孔与缸体的冷却水孔相通。利用循环水来冷却燃烧室等高温的部分。

气缸垫装在气缸盖和气缸体之间，其功用是保证气缸盖与气缸体接触面的密封，防止漏气、漏水和漏油。

油底壳的主要作用是储存机油并封闭曲轴箱。油底壳受力很小，一般采用薄钢板冲压而成。

2. 活塞连杆组

功用：把燃烧气体的压力传给曲轴，使曲轴旋转并输出动力。

组成：主要由活塞、活塞环、活塞销、连杆及连杆轴瓦等组成（见图4-1-23）。

活塞的主要作用是承受气缸的气体压力，并将此力通过活塞销传给连杆，以推动曲轴旋转，它把燃烧气体的压力传给曲轴，使曲轴旋转并输出动力；活塞的顶部还与气缸盖、气缸壁共同组成燃烧室。

活塞主要由顶部、头部和裙部组成。活塞头部是活塞环槽以上部分，其作用承受气体压力，并传给连杆；与活塞一起实现气缸密封；将活塞顶所吸收的热量通过活塞环传给气缸壁。活塞裙部是指自油环槽下端面起至活塞底面的部分，其作用是为活塞在气缸内做往复运动导向和承受侧压力。

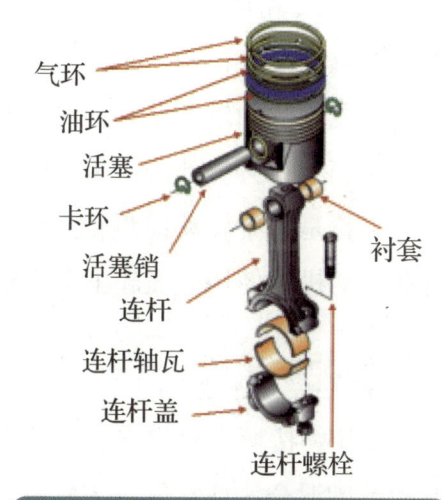

图4-1-23 活塞连杆组

活塞销座孔也是活塞的组成部分之一，它将活塞顶部气体作用力经活塞销传给连杆。销座孔通常有肋片与活塞内壁相连，以提高其刚度。销座孔内有安装弹性卡环的卡环槽，卡环用来防止活塞销在工作中发生轴向窜动。

活塞环包括气环和油环两种。气环的作用是保证活塞与气缸壁间的密封，防止高温高压燃气进入曲轴箱；同时还将活塞顶部的大部分热量传导给气缸，再由冷却水或空气带走。油环主要是刮油、布油和辅助密封作用。油环用来刮除气缸壁上多余的机油，并在气缸壁上铺涂一层均匀机油膜，这样即可以防止机油窜入，又可以减小活塞与气缸的磨损与摩擦阻力。

活塞销的作用是连接活塞与连杆小端，将活塞承受的气体的作用力传递给连杆。根据活塞销的固定方式的不同，可分为全浮式或半浮式两种。

连杆的功用是连接活塞和曲轴，把活塞的往复运动转变为曲轴的旋转运动，并将活塞承受的力传给曲轴。连杆一般由小头、杆身和大头三部分组成。连杆杆身通常为工字型断面，以求增加强度和刚度。

3. 曲轴飞轮组

功用：把活塞的往复运动转变为曲轴的旋转运动，同时储存能量，用以克服非做功行程的阻力，使发动机运转平稳。

组成：主要由曲轴、飞轮、扭转减震器及其他零件和附件组成（见图4-1-24）。

曲轴是发动机最重要的机件之一，其作用是将活塞连杆组传来的气体作用力转变成曲轴的旋转力矩对外输出，并驱动发动机的配气机构及其他辅助装置工作。曲轴前端主要用来驱动配气机构、水泵和发电机、空调压缩机等附属机构，曲轴后端采用凸缘结构，用来安装飞轮。曲轴在装配前必须经过动平衡校验，对不平衡的曲轴，常在其偏重的一侧平衡重或曲柄上钻去一部分质量，以达到平衡的要求。

飞轮是一个转动惯量很大的圆盘，外缘上压有一个齿圈，与起动机的驱动齿轮啮合，供启动发动机时使用。飞轮上通常还刻有第一缸点火正时记号，以便校准点火时刻。

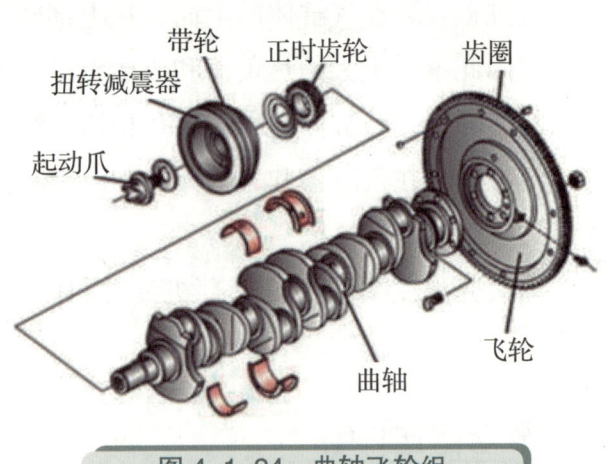

图 4-1-24 曲轴飞轮组

4. 配气机构

功用：按照发动机各缸工作循环和点火顺序的要求，定时开启和关闭进、排气门，使新鲜的可燃混合气或空气进入气缸，废气从气缸排出。

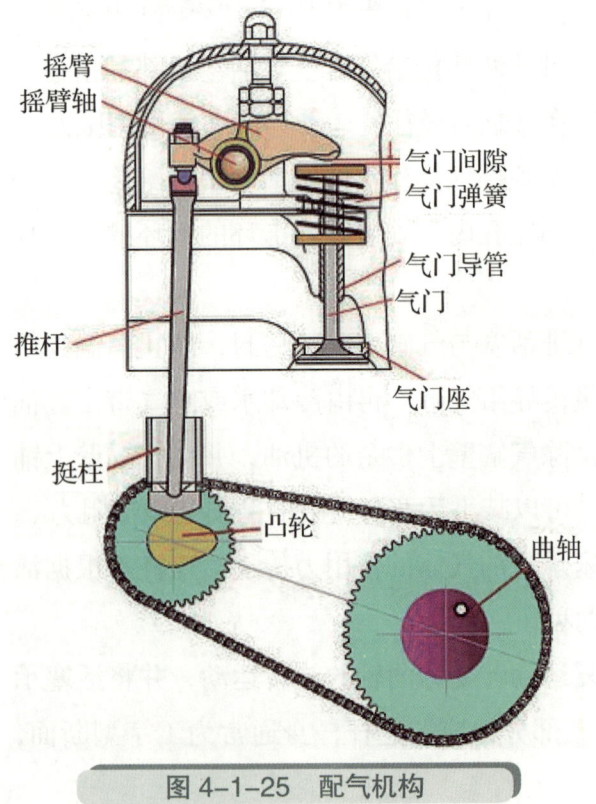

组成：主要由气门组和气门传动组两大部分。气门组包括气门、气门导管、气门座及气门弹簧等零件。气门传动组主要包括凸轮轴、正时齿轮、挺柱及其导杆，推杆、摇臂和摇臂轴等（见图4-1-25）。

凸轮轴转动时，当凸轮的基圆部分与挺柱接触时，挺柱不升高，挺柱以上的传动件不动作，气门是关闭的。当凸轮的凸起部分与挺柱接触时，便开始将挺柱顶起，于是气门被打开。当凸轮的最大凸起处与挺柱接触时，气门达到最大开度。随后，凸轮与挺柱接触表面的凸起开始逐渐变小，气门在气门弹簧的作用下开始上升关闭，并反向推动摇臂等传动杆件，使挺柱下移保持与凸轮接触。当凸轮凸起部分离开挺柱时，气门完全关闭。

图 4-1-25 配气机构

5. 燃料供给系统

功用：根据发动机不同工况的要求，配制出一定数量和浓度的可燃混合气，供入气缸，使之在临近压缩终了时点火燃烧而膨胀做功。

组成：主要由油箱、油管、燃油泵、燃油滤清器、燃油压力调节器、喷油器、冷起动喷油器、油压脉冲衰减器等组成（见图4-1-26）。

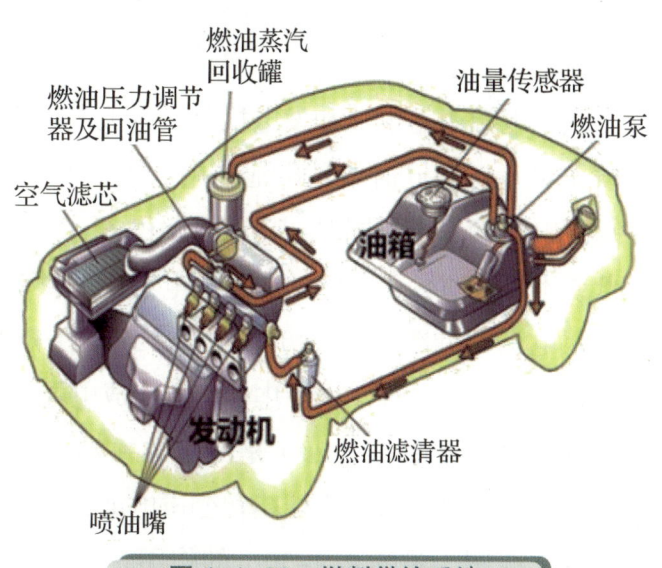

图 4-1-26　燃料供给系统

当燃油供给系工作时，燃油由燃油泵从油箱中泵出，经过燃油滤清器，除去杂质及水分后，再送至燃油脉动阻尼器，以减少其脉动。这样具有一定压力的燃油流至燃油分配管并分配到各缸喷油器。喷油器根据ECU的喷油指令，开启喷油阀，将适量的燃油喷于进气门前，待进气行程时，再将燃油混合气吸入气缸中。装在供油总管上的燃油压力调节器是用以调节系统油压的，目的在于保持油路内的油压约高于进气管300kPa。当油路压力超过规定值时，汽油压力调节器工作，使过量的燃油返流回油箱。从而使喷油器的喷射油压不变。此外，为了改善发动机低温启动性能，有些车辆在进气歧管上安装了一个冷启动喷油器，冷启动喷油器的喷油时间由热限时开关或者ECU控制。

6. 点火系统

功用：按照气缸的工作顺序定时在火花塞两电极间产生足够能量的电火花，点燃可燃混合气。

组成：通常由蓄电池、发电机、点火线圈和火花塞等组成（见图4-1-27）。

火花塞的作用是把点火线圈产生的高压电（1万伏特以上）引入发动机气缸，在火花塞电极的间隙之间产生火花点燃混合气。火花塞的工作环境极为恶劣，以一台普通四冲程汽油机的火花塞为例，在进气冲程时温度只有60℃，压力

图 4-1-27　点火系统

90KPa；而在点火燃烧时，温度会瞬间上升至3 000℃，压力达到4 000KPa；这种急冷急热的交替频率很高，不是一般材料所能应付得了，还要保证绝缘性能，因此对火花塞的材料要求也就很苛刻了。

汽车电源由蓄电池和发电机并联组成。在发动机转速大于一定值时，由发电机向全车电器设备供电，并同时给蓄电池充电。当汽车上的用电设备所需功率超过发电机的额定功率时，蓄电池和发电机同时向用电设备供电。当发动机低速运转或不运转时，发电机发出电压很低或不发电时，由蓄电池向全车电器设备供电。

蓄电池（见图4-1-28）一般为12V。在充电时，将汽车发电机产生的电能转变成化学能储存起来；用电时，再将化学能转变成电能，供给用电设备使用。

发电机（见图4-1-29）是汽车的主要电源。发动机带动发电机通过内部的电磁线圈切割磁力线，将发动机的机械能转变成电能，再经整流器整流输出直流电。

点火线圈（见图4-1-30）的作用是将低压直流电变为高压电，电压可以达到数万伏，通过气缸内的火花塞击穿空气电离产生电火花。

图4-1-28 蓄电池　　图4-1-29 发电机　　图4-1-30 点火线圈

7. 润滑系统

功用：在发动机工作时连续不断地把数量足够、温度适当的洁净机油输送到摩擦表面，并在摩擦表面之间形成油膜，从而减小摩擦阻力、降低功率消耗、减轻机件磨损，以达到提高发动机工作可靠性和耐久性的目的。

组成：一般由油底壳、机油集滤器、机油泵、机油滤清器、机油冷却器、机油压力表以及机油道等组成（见图4-1-31）。

油底壳用来贮存润滑油。在大多数发动机上，油底壳还起到为润滑油散热的作用。

机油泵将一定量的润滑油从油底壳中抽出经机油泵加压后，源源不断地送至各零件表面进行润滑，维持润滑油在润滑系中的循环。机油泵大多装于曲轴箱内，机油泵都采用齿轮驱动方式，通过凸轮轴、曲轴或正时齿轮来驱动。

机油滤清器用来过滤掉润滑油中的杂质、磨屑、油泥及水分等杂物，使送到各润滑部位的都是干净清洁的润滑油。机油滤清器分粗机油滤清器和细机油滤清器。

图 4-1-31 润滑系统

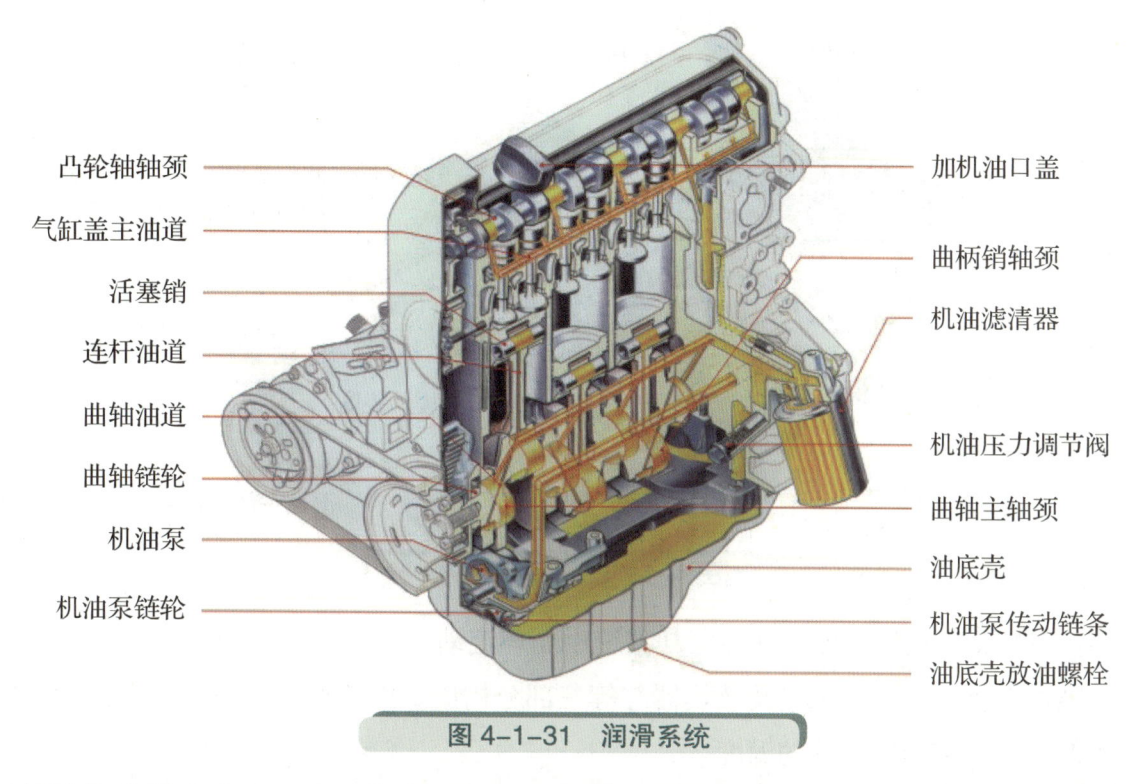

机油集滤器多为滤网式，能滤掉润滑油中粒度大的杂质，其流动阻力小，串联安装于机油泵进油口之前。

限压阀用来限制机油泵输出的润滑油压力。旁通阀与粗滤器并联，当粗滤器发生堵塞时，旁通阀打开，机油泵输出的润滑油直接进入主油道。

由于发动机传动件的工作条件不尽相同，因此，对负荷及相对运动速度不同的传动件采用不同的润滑方式。润滑方式一般有压力润滑、飞溅润滑和润滑脂润滑三种方式。

（1）压力润滑是以一定的压力把机油供入摩擦表面的润滑方式。这种方式主要用于主轴承、连杆轴承及凸轮轴承等负荷较大的摩擦表面的润滑。

（2）飞溅润滑是利用发动机工作时运动件溅泼起来的油滴或油雾润滑摩擦表面的润滑方式，称飞溅润滑。该方式主要用来润滑负荷较轻的气缸壁面和配气机构的凸轮、挺柱、气门杆以及摇臂等零件的工作表面。

（3）润滑脂润滑是通过定期加注润滑脂来润滑零件工作表面的方式，如水泵及发电机轴承等。

8. 冷却系统

功用：使发动机保持在适当的温度范围内工作，既要防止发动机过热，也要防止发动机过冷。

组成：由水泵、散热器、冷却风扇、节温器、补偿水桶、发动机机体和气缸盖中的水套以及其他附属装置等组成（见图 4-1-32）。

图 4-1-32 冷却系统

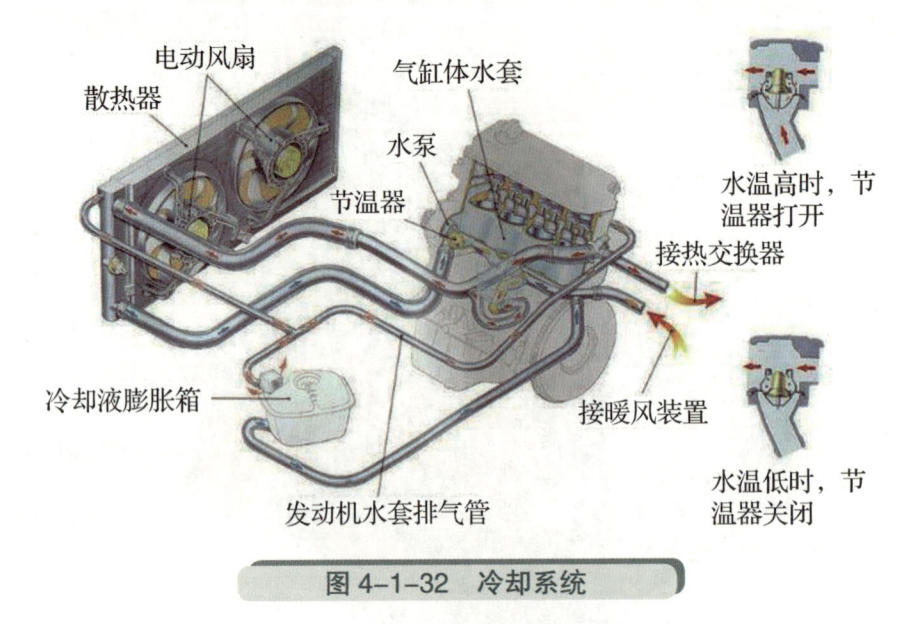

水泵：对冷却液加压，保证其在冷却系统中循环流动。

散热器：由进水室、出水室及散热器芯等三部分构成。冷却液在散热器芯内流动，空气在散热器芯外通过带走冷却液的温度。

冷却风扇：当风扇旋转时吸进空气，使其通过散热器，以增强散热器的散热能力，加速冷却液的冷却。

节温器：控制冷却液流动路径的阀门。它根据冷却液温度的高低，打开或者关闭冷却液通向散热器的通道。

补偿水桶：当冷却液受热膨胀时，部分冷却液流入补偿水桶；而当冷却液降温时，部分冷却液又被吸回散热器，所以冷却液不会溢失。

9. 起动系统

功用：由直流电动机产生动力，经传动机构带动发动机曲轴转动，从而实现发动机的起动。

组成：蓄电池、点火开关、起动机总成、起动继电器等（见图 4-1-33）。

用钥匙将点火开关打到 START 挡，此时接通蓄电池和起动系统的电路。起动机继电器通电后，一是接通起动机与蓄电池的电路，二是控制拨叉拨动，使起动机的驱动齿轮与发动机飞轮啮合。起动机通电后，起动机主轴上的驱动齿轮转动，带动发动机

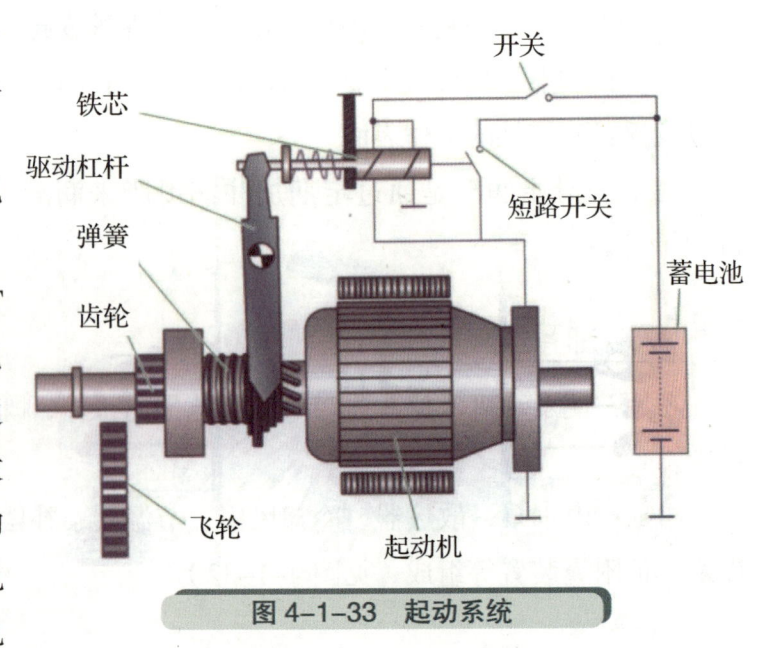

图 4-1-33 起动系统

飞轮和曲轴旋转，最终使得发动机起动。当发动机起动后，在单向离合器的作用下，起动机的驱动齿轮会自动脱离与发动机飞轮齿圈的啮合，起动完成。

知识库

变化的发动机

可变进气歧管

可变进气歧管是通过改变进气管的长度或截面积，提高燃烧效率，使发动机在低转速时更平稳、扭矩更充足，高转速时更顺畅、功率更强大。进气歧管一端与进气门相连，一端与进气总管后的进气谐振室相连，每个气缸都有一根进气歧管。

由于混合气是具有质量的流体，在进气管中的流动状态是千变万化的，工程上往往要运用流体力学来优化其内部设计，例如将进气歧管内壁打磨光滑减轻阻力，或者刻意制造粗糙面营造汽缸内的涡流运动。但是，汽车发动机的工作转速间隔高达数千转，各工况所需的进气需求不尽相同，这对普通的进气歧管是个极大的考验。于是，工程师对进气歧管进行了深层次的开发——让进气歧管"变"起来。

变长度（见图4-1-34）：汽车用四冲程发动机的活塞上上下下往复2次循环才算完成一个工作循环，进气门只有1/4时间打开，这样在进气歧管内造成一个进气脉冲。发动机转速越高，气门开启间隔也就越短，脉冲频率也就越高。简单地说，进气歧管的振动也就越大。工程师通过改变进气歧管长度，改进气流的流动。进气歧管被设计成蜗牛一般的螺旋状，分布在发动机缸体中间，气流从中部进入。当发动机在2 000rpm低转速运转时，黑色控制阀关闭，气流被迫从长歧管流入汽缸，此时，进气歧管的固有频率得以降低，以适应气流的低转速。当发动机转速上升到5 000rpm，进气频率上升，此时控制阀开启，气流绕开下部导管直接注入汽缸，这降低了进气歧管的共振频率，利于高速进气。

变截面（见图4-1-35）：我们知道，低转速时气门会设置成短行程开启，高转速时气门会设置成长行程开启，这都是"负压"惹出来的祸。那么除了气门，进气歧管就不能达到同样的效果吗？

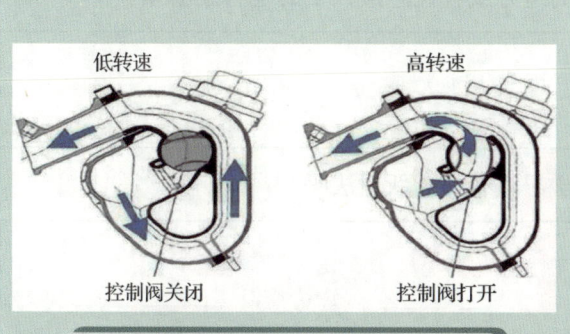

图4-1-34 变长度

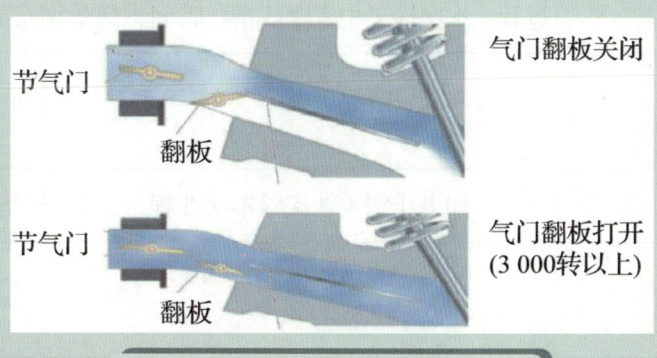

图4-1-35 变截面

流体力学的原理，管道的截面积越大，流体压力越小；管道截面积越小，流体压力越大。根据这一原理，发动机需要一套机构，在高转速时使用较大的进气歧管截面积，提高进气流量；在低转速时使用较小的进气歧管截面，提高气缸的进气负压，能在气缸内充分形成涡流，让空气与汽油更好地混合。

拓展提升

一、拓展任务

发动机是汽车的心脏，发动机的性能是汽车的动力性、经济性、排放性等性能的根本。我们通过对汽车发动机的学习，认识了各种各样的发动机；同时掌握汽车发动机的构造，明白各组成部分的作用。

二、拓展训练

1. 发动机由哪些部件组成，各组成部分有什么作用？
2. 汽车发动机各组成部分是如何配合完成工作的？

探寻反思

探寻完本次课程后，您有何感想，请填写下表。

汽车发动机
一、学习目标：这节课的学习达到您期望的水平了吗？您满意吗？
二、学习内容：本次探寻有哪些问题没有解决？为什么？或者让您觉得不足的地方在哪里？
三、学习过程：本次探寻中有哪些精彩瞬间，您最满意的地方或者让您最兴奋的地方在哪里？
四、学习方法：如果让您重新探寻本次课程，您会怎样学习？有什么新想法吗？

探寻二　汽车底盘

情景引入

汽车底盘由传动系、行驶系、转向系和制动系四部分组成。底盘作用是支承、安装汽车发动机及其各部件、总成，形成汽车的整体造型，并接受发动机的动力，使汽车产生运动，保证正常行驶。

探寻目标

• **知识目标**

1. 了解汽车底盘各组成部分。
2. 理解汽车底盘各部分的功用。

• **技能目标**

1. 培养较强的探寻问题并归纳总结的能力。
2. 能够认识汽车底盘各组成部分的零部件。
3. 能够较好地阐述底盘各部件的作用。

• **情感目标**

1. 培养学生分析问题、解决问题的综合能力。
2. 培养学生团队合作精神和交流沟通能力。

相关知识

一、传动系

汽车发动机所发出的动力靠传动系传递到驱动车轮。传动系具有减速、变速、倒车、中断动力、轮间差速和轴间差速等功能，与发动机配合工作，能保证汽车在各种工况条件下的正常行驶，并具有良好的动力性和经济性。

传动系一般由离合器、变速器、万向传动装置、主减速器、差速器和半轴等组成（见图4-2-1）。

图 4-2-1 传动系

1. 离合器

（1）功用：保证汽车平稳起步、实现平顺换挡和防止传动系过载三大作用。

（2）组成。离合器由主动部分、从动部分、压紧部分、操纵机构四大块组成。主动部分为飞轮、压盘；从动部分为离合器片；压紧部分为压紧弹簧；操纵机构为离合器踏板、推杆、回位弹簧、离合器总泵、离合器分泵、分离拨叉、分离轴承等（见图4-2-2）。

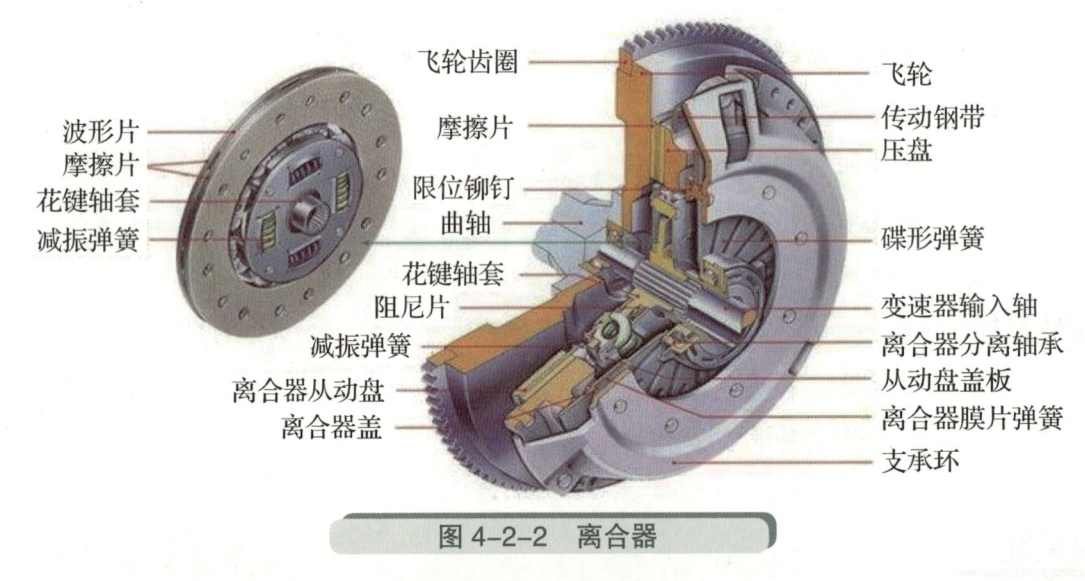

图 4-2-2 离合器

（3）工作过程。以膜片弹簧式离合器为例，其工作可分为工作、分离、接合三个过程。

①工作过程。膜片弹簧产生预压缩变形所形成的对压盘的压力使离合器的主、从动部分压紧，即离合器处于接合状态。发动机动力通过与曲轴连为一体的飞轮、离合器盖和压盘传给从动盘，随后又经从动盘花键轴套输送给变速器的输入轴。此过程的工作特点是离合器主、从动部分传递的转矩、转速相同，主、从动部分之间没有转速差，没有滑磨。

②分离过程。驾驶员踩下离合器踏板，踏板带动推杆移动，推动膜片弹簧分离轴承移动。受此影响膜片弹簧又以固定在离合器盖上的支承销为支点使大端向相反方向移动，同时带动压盘移动。最终使从动盘与飞轮、压盘之间各存有一定间隙，离合器实现分离，至此离

合器分离过程结束。分离过程离合器的工作特点是：分离后发动机的动力与运动不能传给从动盘。主动部分仍然与发动机转速保持同步，而从动部分则迅速降低。

③接合过程。驾驶员松开离合器踏板，在回位弹簧作用下踏板恢复到原位，同时带动推杆和分离轴承回位。即接合过程操纵机构的移动是分离过程的逆过程。当分离轴承与膜片弹簧分离板之间出现预留间隙和膜片弹簧重新将压盘压紧在从动盘上之后，接合过程结束，离合器恢复传递动力功能。

2. 变速器

（1）功用。变速器有以下三个功用。

①改变传动比，扩大驱动轮转矩和转速的变化范围，以适应经常变化的行驶条件，同时使发动机在有利（功率较高而油耗较低）的工况下工作。

②在发动机旋转方向不变情况下，使汽车能倒退行驶。

③利用空挡，中断动力传递，以发动机能够起动、怠速，并便于变速器换挡或进行动力输出。

（2）分类。变速器分为以下三类。

①手动变速器（Manual Transmission，简称MT）（见图4-2-3），也叫手动挡，即必须用手拨动变速杆才能改变变速器内的齿轮啮合位置，改变传动比，从而达到变速的目的。一般来说，如果驾驶者技术好，手动变速的汽车在加速、超车时比自动变速车快，也省油。

②自动变速器（Automatic Transmission，简称AT）（见图4-2-4），利用行星齿轮机构进行变速，它能根据油门踏板程度和车速变化，自动地进行变速。而驾驶者只需操纵加速踏板控制车速即可。

③手自一体变速器称为Tiptronic（见图4-2-5），不必受限于传统的自动挡束缚，让驾驶者也能享受手动换挡的乐趣。在D挡时，可自由变换降挡或加挡，如同手动挡一样。

图 4-2-3　手动变速器　　　　图 4-2-4　自动变速器　　　　图 4-2-5　手自一体变速器

3. 万向传动装置

（1）功用。万向传动装置是用来在工作过程中相对位置不断改变的两根轴间传递动力的装置（见图4-2-6）。其作用是连接不在同一直线上的变速器输出轴和主减速器输入轴，并保证在两轴之间的夹角和距离经常变化的情况下，仍能可靠地传递动力。主要由万向节、传动轴和中间支承组成。

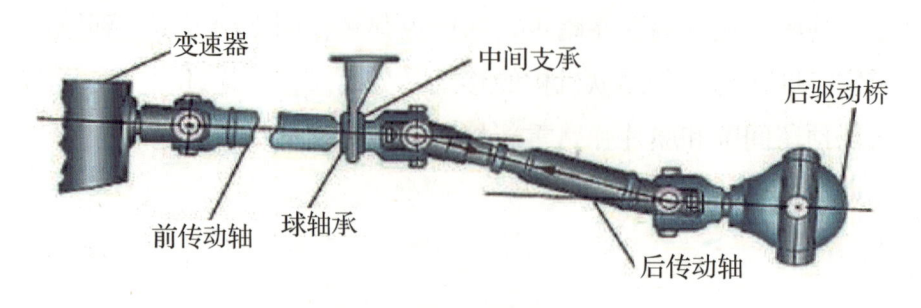

图 4-2-6 万向传动装置

（2）分类。万向传动装置可分为闭式和开式两种。

①闭式万向传动装置采用单万向节，传动轴被封闭在套管中，套管与车架做球铰连接，而与驱动桥固定连接。其最大特点是：传动轴外壳作为推力管来传递汽车的纵向力，从而使传动轴外壳起到了悬架系统导向机构中纵向摆臂的作用，这对于其后悬架拆用螺旋弹簧作为弹性元件是十分必要的。

②开式万向传动装置结构简单，重量轻，现代汽车广泛应用开式万向传动装置。

4. 驱动桥

驱动桥是位于传动系末端能改变来自变速器的转速和转矩，并将它们传递给驱动轮的机构。驱动桥一般由主减速器、差速器、车轮传动装置和驱动桥壳等组成，转向驱动桥还有等速万向节（见图4-2-7）。

（1）功能。驱动桥基本功能有以下四个。

①将万向传动装置传来的发动机转矩通过主减速器、差速器、半轴等传到驱动车轮，实现降速增大转矩。

②通过主减速器圆锥齿轮副改变转矩的传递方向。

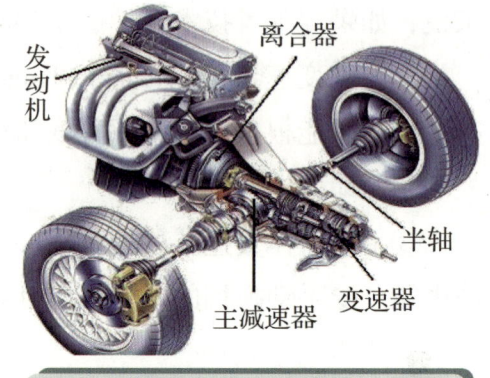

图 4-2-7 驱动桥

③通过差速器实现两侧车轮差速作用，保证内、外侧车轮以不同转速转向。

④通过桥壳体和车轮实现承载及传力矩作用。

（2）分类。驱动桥分非断开式（见图4-2-8）与断开式（见图4-2-9）两大类。

①非断开式驱动桥也称为整体式驱动桥，其半轴套管与主减速器壳均与轴壳刚性相连一个整体梁，因而两侧的半轴和驱动轮相关摆动，通过弹性元件与车架相连。

②断开式驱动桥主减速器壳固定在车架上，两侧的半轴和驱动轮能在横向平面相对于车体有相对运动。为了适应驱动轮独立上下跳动的需要，差速器与车轮之间的半轴各段之间用万向节连接。

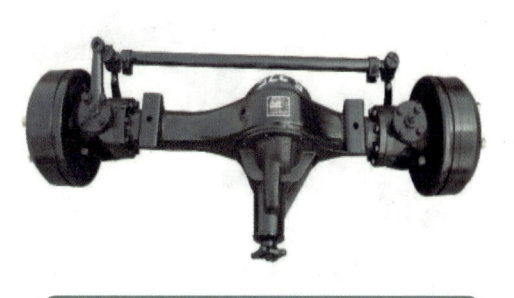

图 4-2-8　非断开式驱动桥　　　　　　　图 4-2-9　断开式驱动桥

二、行驶系

行驶系由车架、车桥、车轮和悬架等组成。汽车行驶系的功能有：接受传动系的动力，通过驱动轮与路面的作用产生牵引力，使汽车正常行驶；承受汽车的总重量和地面的反力；缓和不平路面对车身造成的冲击，衰减汽车行驶中的振动，保持行驶的平顺性；与转向系配合，保证汽车操纵稳定性。

1. 车架

汽车车架（见图 4-2-10）俗称"大梁"。其上装有发动机、变速器、传动轴、前后桥、车身等总成和部件。车架的功用是支承、连接汽车的各总成，使各总成保持相对正确的位置，并承受汽车内外的各种载荷。车架通过悬架装置坐落在车轮上。有的客车和轿车为了减小质量，取消了车架，制成了能够承受各种载荷的承载式车身，也称无梁式车身（见图 4-2-11）。

图 4-2-10　车架　　　　　　　图 4-2-11　承载式车身

由于车架是整个汽车的基础，要承受汽车内外的各种载荷，因此，要求车架具有足够的强度、合适的刚度；要求它具有结构简单重量轻等特点；同时，还应尽可能降低汽车的重心和获得较大的前轮转向角，以保证汽车行驶时的稳定性和转向灵活性。汽车车架的结构形式主要有两种：边梁式车架（见图 4-2-12）和中梁式车架（见图 4-2-13）。

图 4-2-12　边梁式车架 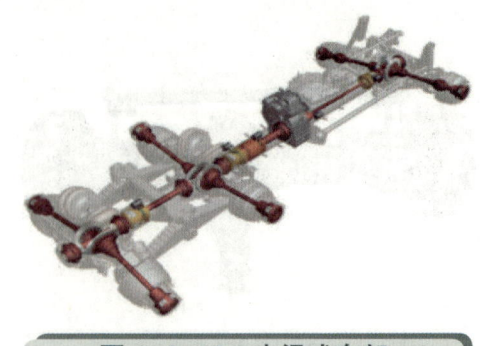　　　　　　　图 4-2-13　中梁式车架

2. 车桥

车桥（也称车轴）通过悬架与车架（或承载式车身）相连接，两端安装车轮。车架所受的垂直载荷通过车桥传到车轮；车轮上的滚动阻力、驱动力、制动力和侧向力及其弯矩、转矩又通过车桥传递给悬架和车架，故车桥的作用是传递车架与车轮之间的各向作用力及其所产生的弯矩和转矩。

按照车桥上车轮的运动方式和作用，车桥可分为转向桥、驱动桥、转向驱动桥和支持桥四种类型。其中转向桥和支持桥都属于从动桥。一般汽车的前桥多为转向桥，后桥或中、后两桥多为驱动桥。越野汽车和一些轿车的前桥既是转向桥又是驱动桥，故称为转向驱动桥。某些单桥驱动的三轴汽车（6×2汽车）的中桥或后桥为支持桥。挂车上的车桥都是支持桥。

3. 车轮

车轮是固定轮胎内缘、支持轮胎并与轮胎共同承受负荷的刚性轮。通常也将组合在一起的轮胎、轮辋与轮辐统称为车轮。由车轮（见图 4-2-14）和轮胎（见图 4-2-15）两大部件组成车轮总成。

图 4-2-14　车轮 　　　　　　　图 4-2-15　轮胎

车轮与轮胎是汽车行驶系中的主要部件，汽车通过车轮由轮胎直接与地面接触在道路上行驶。其主要功用是：支承汽车总质量；吸收和缓和汽车行驶时所受到的路面冲击和振动；保证轮胎与路面的良好附着性能，以提高汽车的动力性、制动性和通过性；产生平衡汽车转向行驶时离心力的侧向力，在保证汽车正常转向行驶的同时，通过轮胎产生的自动回正力矩，使汽车保持直线行驶。

车轮是介于轮胎和和车轴之间所承受负荷的旋转组件，通常由两个主要部件轮辋和轮辐组成。轮辋是在车轮上安装和支撑轮胎的部件，轮辐是在车轮上介于车轴和轮辋之间的支撑部件。车轮除上述部件外，有时还包含轮毂（见图4-2-16）。

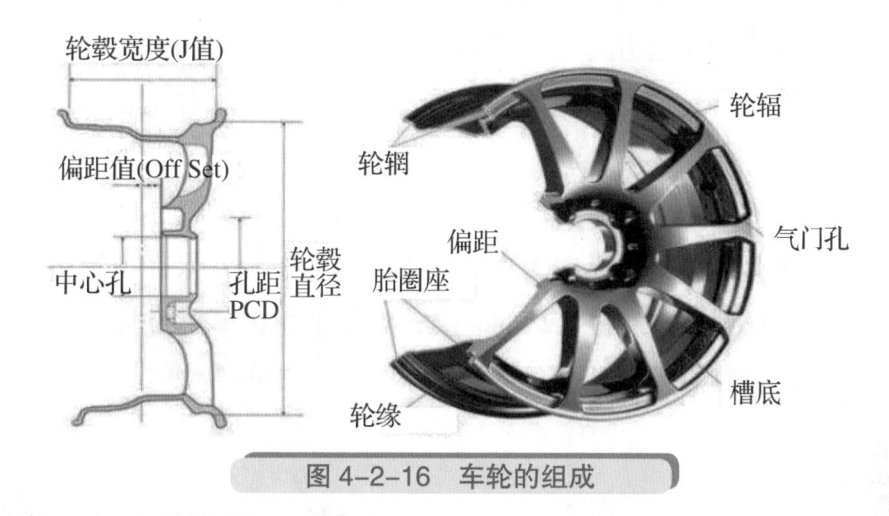

图 4-2-16　车轮的组成

轮辋是在车轮上周边安装和支撑轮胎的部件，与轮辐组成车轮。轮辋和轮辐可以是整体式的、永久连接式的或可拆卸式的。轮辐是保护车辆车轮的轮圈、辐条的装置，其特征是一对圆形罩板，罩板的直径大小和轮圈的直径大小相接近。按照轮辐的结构，车轮分为辐板式和辐条式。轮毂是轮胎内廓支撑轮胎的圆桶形的、中心装在轴上的金属部件，又叫轮圈、钢圈、轱辘、胎铃。轮毂根据直径、宽度、成型方式、材料的不同而有不同种类。

轮胎按结构可分为子午线轮胎、斜交轮胎；按花纹可分为条形花纹、横向花纹轮胎、混合花纹轮胎、越野花纹轮胎；按尺寸可分为全尺寸备胎和非全尺寸备胎。

轿车的车轮一般使用子午线轮胎。子午线轮胎的规格（见图4-2-17）包括宽度，高宽比、内径和速度极限符号。如轮胎规格是195/55R15，表示轮胎两边侧面之间的宽度是195mm，55表示高宽比，"R"代表单词RADIAL，表示是子午轮胎。15是轮胎的内径，以英寸计。有些轮胎还注有速度极限符号，分别用P、R、S、T、H、V、Z等字母代表各速度极限值。

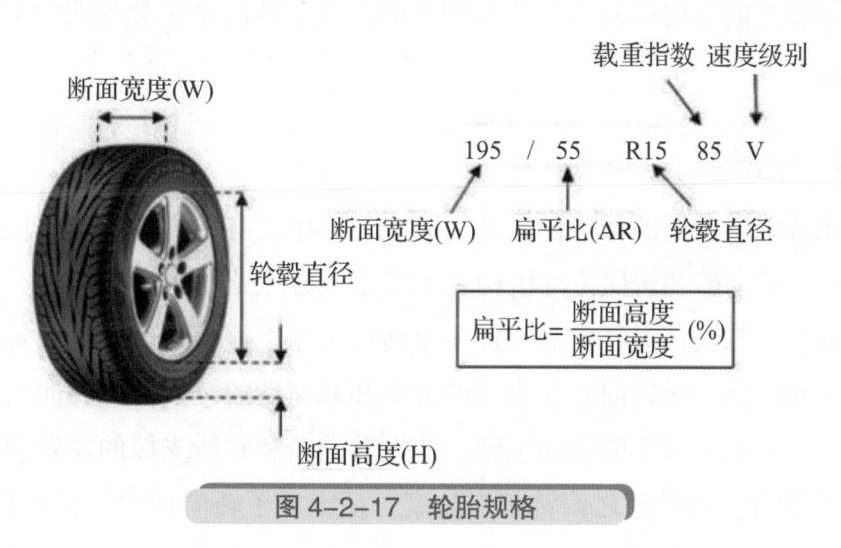

图 4-2-17　轮胎规格

4. 悬架

悬架是车架与车桥或车轮之间的一切传力连接装置的总称。车架与车桥通过悬架弹性的连接在一起。悬架主要由弹性元件、导向装置和减振器等三部分组成（见图 4-2-18）。

悬架的主要作用是把路面作用于车轮上的垂直反力（支承力）、纵向反力（驱动力和制动力）和侧向反力以及这些反力所形成的力矩传递到车架（或承载式车身）上，以保证汽车的正常行驶。

弹性元件使车架与车桥之间作弹性联系，承受和传递垂直载荷，缓和及抑制不平路面所引起的冲击；导向装置是用来传递纵向力、侧向力及其力矩，并保证车轮相对于车架或车身有一定的运动规律；减振器用以加快振动的衰减，限制车身和车轮的振动。

汽车悬架可分为非独立悬架和独立悬架两种形式（见图 4-2-19）。

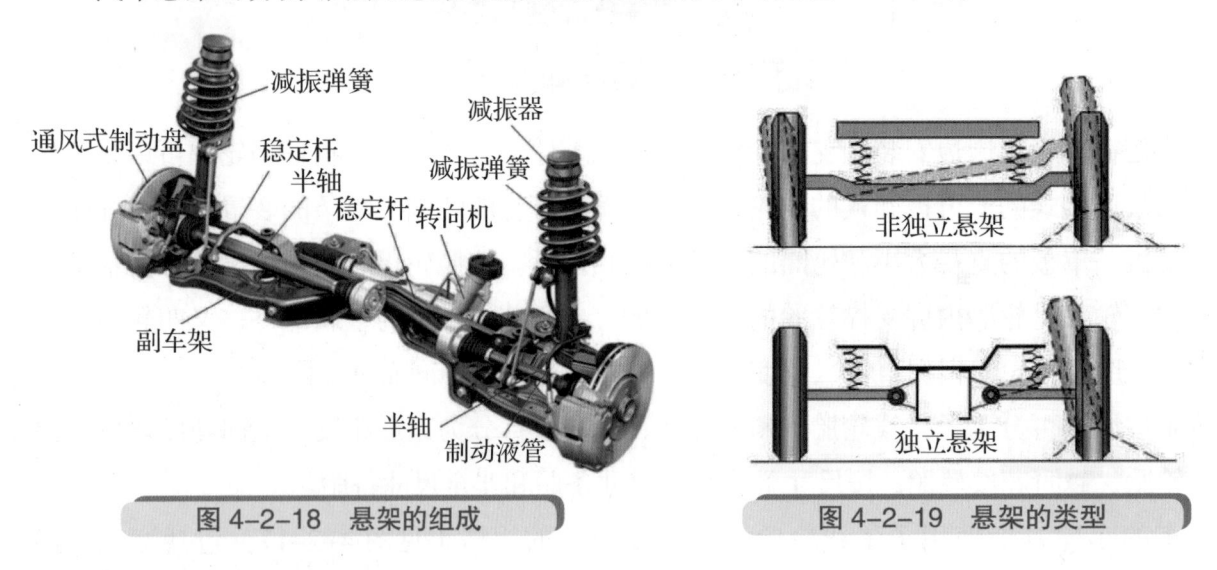

图 4-2-18 悬架的组成

图 4-2-19 悬架的类型

三、转向系

用来改变或保持汽车行驶或倒退方向的一系列装置称为汽车转向系统。汽车转向系统的功能就是按照驾驶员的意愿控制汽车的行驶方向。汽车转向系统分为两大类：机械转向系统和动力转向系统。

1. 机械转向系统

机械转向系统以驾驶员的体力作为转向能源，其中所有传力件都是机械的。机械转向系由转向操纵机构、转向器和转向传动机构三大部分组成（见图 4-2-20）。

当汽车转向时，驾驶员对转向盘施加一个转向力矩。该力矩通过转向轴、转向万向节和转向传动轴输入转向器。经转向器放大后的力矩和减速后的运动传到转向摇臂，再经过转向直拉杆传给固定于左转向节上的转向节臂，使左转向节和它所支撑的左转向轮偏转。为使右转向节及其支承的右转向轮随之偏转相应角度，还设置了转向梯形。转向梯形由固定在左、右转向节上的梯形臂和两端与梯形臂作球铰链连接的转向横拉杆组成。

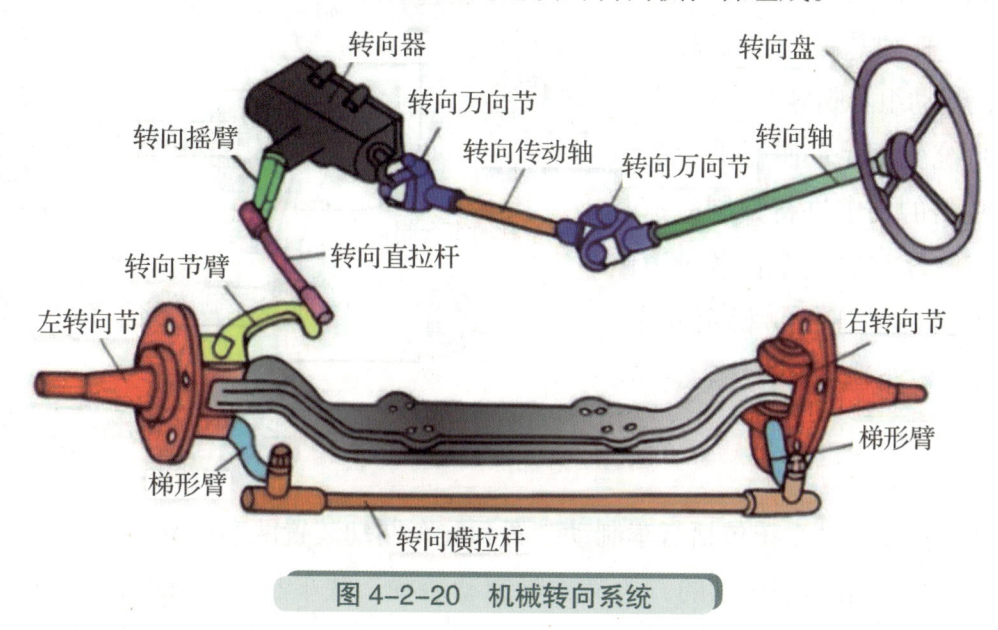

图 4-2-20 机械转向系统

2. 动力转向系统

动力转向系统是兼用驾驶员体力和发动机动力为转向能源的转向系（见图4-2-21）。在正常情况下，汽车转向所需能量，只有一小部分由驾驶员提供，而大部分是由发动机通过动力转向装置提供的。但在动力转向装置失效时，一般还应当能由驾驶员独立承担汽车转向任务。因此，动力转向系是在机械转向系的基础上加设一套动力转向装置而形成的。

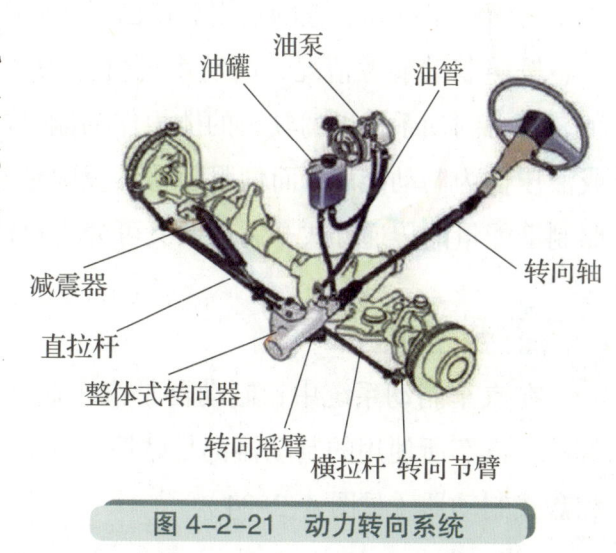

当驾驶员逆时针转动转向盘（左转向）时，转向摇臂带动转向直拉杆前移。直拉杆的拉力作用于转向节臂，并依次传到梯形臂和转向横拉杆，使之右移。与此同时，转向直拉杆还带动转向控制阀中的滑阀，使转向动力缸的右腔接通液面压力为零的转向油罐。油泵的高压油进入转向动力缸的左腔，于是转向动力缸的活塞上受到向右的液压作用力便经推杆施加在横拉杆上，也使之右移。这样，驾驶员施于转向盘上很小的转向力矩，便可克服地面作用于转向轮上的转向阻力矩。

图 4-2-21 动力转向系统

四、制动系

1. 组成与功用

汽车制动系统是指对汽车某些部分（主要是车轮）施加一定的力，从而对其进行一定程度的强制制动的一系列专门装置（见图 4-2-22），制动系由制动主缸、真空助力器、制动组合阀等。

制动系统作用是：使行驶中的汽车按照驾驶员的要求进行强制减速甚至停车；使已停驶的汽车在各种道路条件下（包括在坡道上）稳定驻车；使下坡行驶的汽车速度保持稳定。

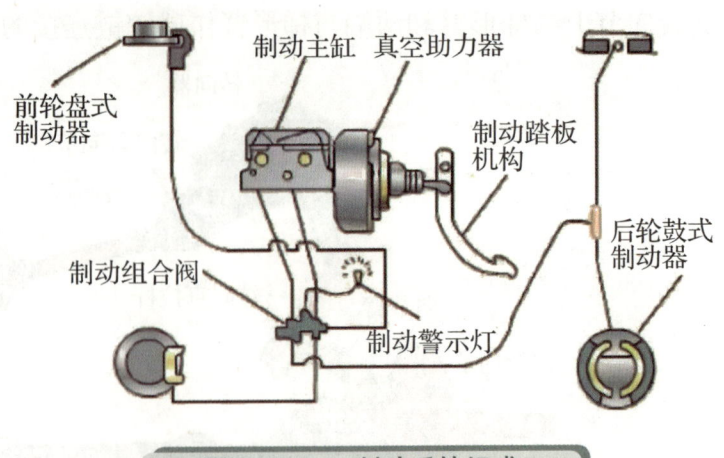

图 4-2-22 制动系的组成

2. 分类

一般来说汽车制动系统包括行车制动装置和驻车制动装置两套独立的装置。其中行车制动装置是由驾驶员用脚来操纵的，故又称脚制动装置。驻车制动装置是由驾驶员用手操纵的，故又称手制动装置。行车制动装置的功用是使正在行驶中的汽车减速或在最短的距离内停车。而驻车制动装置的功用是使已经停在各种路面上的汽车保持不动。

按照制动能源情况，制动系还可分为人力制动系统、动力制动系统和伺服制动系统三种。人力制动系统以驾驶员的体力作为制动能源；动力制动系统以发动机动力所转化的气压或液压作为制动能源；而伺服制动系统则是兼用人力和发动机动力作为制动能源。此外，按照制动能量的传递方式，制动系又可分为机械式、液压式、气压式和电磁式等。

3. 制动器

在汽车制动系统中，制动器是汽车制动系中用以产生阻止车辆运动或运动趋势的力的部件。汽车所使用的制动器都是摩擦制动器，按照其形式可分为鼓式制动器（见图 4-2-23）和盘式制动器（见图 4-2-24）。

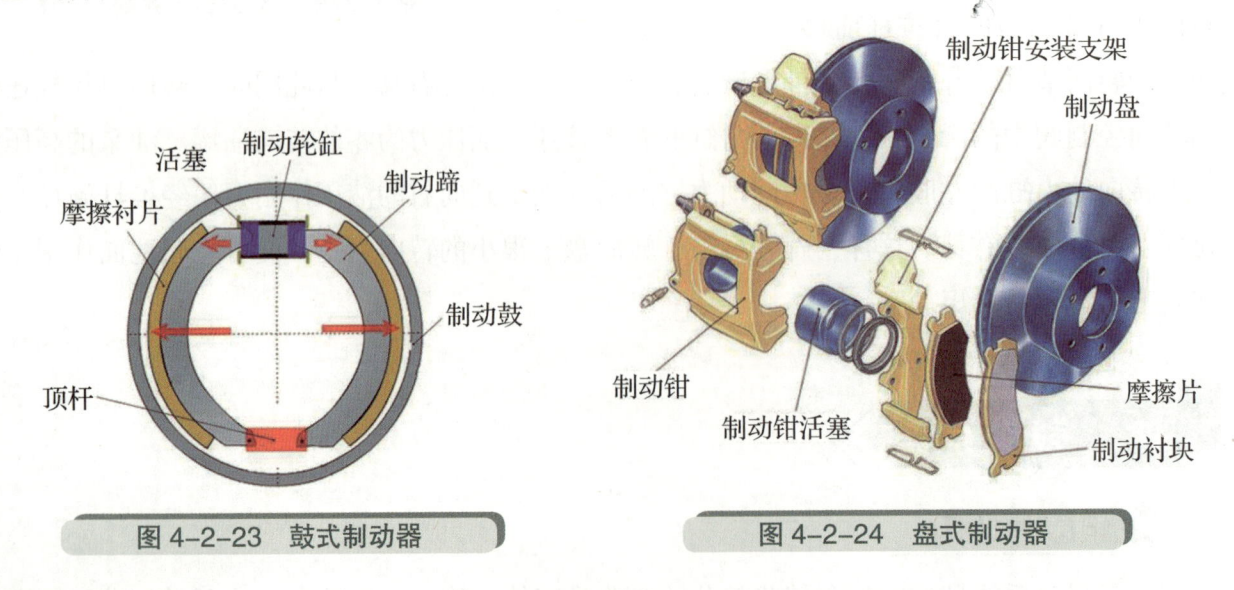

图 4-2-23 鼓式制动器

图 4-2-24 盘式制动器

（1）鼓式制动器一般只有一个轮缸，在制动时轮缸受到来自总泵液力后，轮缸两端活塞会同时顶向左右制动蹄的蹄端，作用力相等。但由于车轮是旋转的，制动鼓作用于制动蹄的压力左右不对称，造成自行增力或自行减力的作用。因此，业内将自行增力的一侧制动蹄称为领蹄，自行减力的一侧制动蹄称为从蹄。轿车鼓式制动器一般用于后轮（前轮用盘式制动器）。鼓式制动器除了成本比较低之外，还有一个好处，就是便于与驻车（停车）制动组合在一起，凡是后轮为鼓式制动器的轿车，其驻车制动器也组合在后轮制动器上。利用手操纵杆或驻车踏板拉紧钢拉索，操纵鼓式制动器的杠件扩展制动蹄，起到停车制动作用，使得汽车不会溜动；松开钢拉索，回位弹簧使制动蹄恢复原位，制动力消失。

（2）盘式制动器可分为钳盘式制动器和全盘式制动器两种；其中，钳盘式制动器按制动钳的结构型式可分为定钳盘式和浮钳盘式两种。制动时，油液被压入内、外两轮缸中，其活塞在液压作用下将两制动块压紧制动盘，产生摩擦力矩而制动。放松制动时，活塞和制动块依靠密封圈的弹力和弹簧的弹力回位。盘式制动器制动效能稳定；浸水后效能降低较少，而且只需经一两次制动即可恢复正常；在输出制动力矩相同的情况下，尺寸和质量一般较小；制动盘沿厚度方向的热膨胀量极小，不会像制动鼓的热膨胀那样使制动器间隙明显增加而导致制动踏板行程过大；较容易实现间隙自动调整，其他保养修理作业也较简便。

4. 汽车制动防抱死系统

制动防抱死系统（Antilock Brake System，ABS），作用就是在汽车制动时，自动控制制动器制动力的大小，使车轮不被抱死，处于边滚边滑的状态，以保证车轮与地面的附着力在最大值。

ABS制动防抱死系统是一种汽车电子系统，包括一个电子控制单元、数个轮速感应器和一个内含电磁阀的控制器总成（见图4-2-25）。

在制动时，ABS根据每个车轮速度传感器传来的速度信号，可迅速判断出车轮的抱死状态，关闭开始抱死车轮上面的常开输入电磁阀，让制动力不变，如果车轮继续抱死，则打开常闭输出电磁阀，这个车轮上的制动压力由于出现直通制动液贮油箱的管路而迅速下移，防止了因制动力过大而将车轮完全抱死。在让制动状态始终处于最佳点，制动效果达到最好，行车最安全。

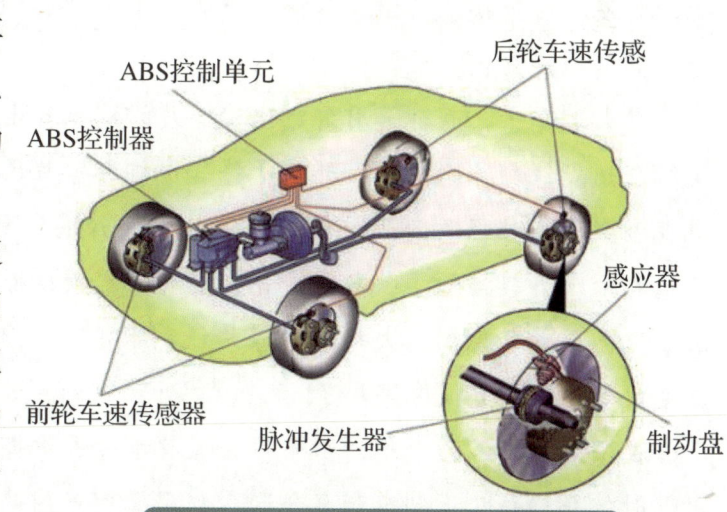

图4-2-25 ABS制动防抱死系统组成

在制动总泵前面腔内的制动液是动态压力制动液，它推动反应套筒向右移动，反应套筒又推动助力活塞从而使制动踏板推杆向右移。因此，在ABS工作时，驾驶员可以感觉到脚上踏板地颤动,听到一些噪声。

汽车减速后,一旦ABS电脑检测到车轮抱死状态消失,它就会让主控制阀关闭,从而使系统转入普通的制动状态下进行工作。如果蓄压器的压力下降到安全极限以下,红色制动故障指示灯和琥珀色ABS故障指示灯亮。在这种情况下,驾驶员要用较大的力进行深踩踏板式的制动方式才能对前后轮进行有效的制动。

知识库

底盘养护

汽车底盘的保养往往被人视作可有可无,远没有发动机和车身那么受人重视,其实汽车底盘是否保养得法,直接关系到汽车的安全性、操控性、舒适性和经济性等各种关键的性能,丝毫不能掉以轻心。汽车底盘的养护和发动机养护有很多相似之处,需要及时检查。

1. 定期检查各总成机油

检查要包括变速器、制动系统、动力转向系统等,一方面要严格按照说明书上的时间规定,定期到特约维修服务站去补充或更换,另一方面也要自己检查观察,一般可以在汽车加油时顺便检查一下,看看各个储液罐的机油是否在上、下两个刻度线之间,如果低于下刻度线就要及时补充,如果油面下降较快,说明系统有渗漏,需立刻检查出渗漏部位,及时修复。

2. 及时更换磨损的刹车片

刹车片和离合器片这两种摩擦片都是消耗品,使用一段时间后就会损耗,丧失原有功能,如不及时更换就易酿成车祸。一般汽车上都有相应的警告指示灯,会及时发出警告信号,提醒用户更换。

在大客车上,有时是用铆钉把摩擦片铆到钢背上的,我们坐在大客车上会听到司机刹车时发出尖锐刺耳的叫声,那就是警告司机摩擦片已经磨到铆钉了,必须立即更换。可是现在多数汽车已经改为用胶粘的方法把摩擦片固定到钢背上,一直要到摩擦片磨到最后,金属和金属直接接触才会发出声音,这时才更换摩擦片就已经晚了。所以现代的汽车都装上了电子信号传感器,大约在摩擦片还剩下1.5mm时,仪表板上的刹车指示灯就会亮起,这是提醒司机要更换摩擦片了。

在阴雨、潮湿的天气,摩擦片会吸收水分,摩擦力就会显著降低。此时,应在汽车刚启动时就先轻踩几下刹车和离合器,利用摩擦产生的热量将摩擦片上的水分蒸发掉,然后再出车。

3. 四轮定位确保安全

汽车上的四个车轮好像端端正正地直立在地面上,其实不然,如果用仪器来测量,就会发现它们在X、Y、Z三个平面上多偏转一个角度,只是数值很小,一般只有0.5°~2°,

肉眼根本看不出来。别小看这三个小小的偏转角度,它决定了汽车的转向性能。如果撞车了,或者使用时间过长因磨损而变化了,操控性就会大大降低。所以在操纵方向盘时如果感到有异样,就应到正规的汽修厂或专业的四轮定位检查站去检查,并进行相应的调整。

4. 底盘保护膜选择性喷涂

汽车经常会遇到下雨天,底盘接触水很容易生锈;在较差的路面上行驶,飞转的车轮也可能将碎石迸起,打击底盘。因此,有些厂商推荐在底盘上喷涂一层保护膜,以提高防锈能力,减少冲击损伤,延长底盘寿命。

拓展提升

一、拓展任务

汽车底盘各组成部分都有相应的作用,各项技术在漫长的发展过程中逐渐成熟,但随着科学技术的发展以及人类对更加美好生活的向往,越来越多的新技术被应用到汽车底盘当中。我们可以通过对汽车底盘的组成及要求的学习来探索和拓展知识。

二、拓展训练

1. 汽车底盘各组成部分有哪些新技术的应用?
2. 汽车底盘各组成部分应该如何维护保养?

探寻反思

探寻完本次课程后,您有何感想,请填写下表。

汽车底盘
一、学习目标:这节课的学习达到您期望的水平了吗?您满意吗?
二、学习内容:本次探寻有哪些问题没有解决?为什么?或者让您觉得不足的地方在哪里?
三、学习过程:本次探寻中有哪些精彩瞬间,您最满意的地方或者让您最兴奋的地方在哪里?
四、学习方法:如果让您重新探寻本次课程,您会怎样学习?有什么新想法吗?

话题五

汽车的使用

在汽车普及到家庭的今天，汽车使用者能否对车辆进行正确使用以及日常维护，将极大地影响汽车的使用寿命。

通过本章的学习，了解汽车车身基本结构、汽车主要操纵结构使用以及汽车日常检查与常规保养等相关知识。

探寻一　汽车车身基本结构认识

情景引入

车身应为驾驶员提供方便的操作条件，为驾乘人员提供舒适安全的环境，保护他们免受汽车行驶时的振动、噪声、废气的侵袭以及外界恶劣气候的影响，并保证完好无损地运载货物且装卸方便。汽车车身上的一些结构措施和设备还有助于行车安全和减轻事故危害，保证汽车具有合理的外部形状，在汽车行驶时能有效地引导周围的气流，以减少空气阻力和燃料消耗。

探寻目标

- **知识目标**

了解汽车车身基本结构。

- **技能目标**

1. 培养较强的探寻问题并归纳总结的能力。
2. 强化汇报沟通的能力。

- **情感目标**

通过探寻汽车车身基本结构，满足学生的求知欲和好奇心。

相关知识

一、汽车车身基本结构

汽车车身是供驾驶员操作，以及容纳乘客和货物的场所，其主要作用是为驾乘人员提供安全、舒适的乘坐环境，隔绝振动和噪声，不受外界恶劣气候的影响。同时车身也是一件精致的艺术品，给人以美感享受。

车身（见图5-1-1）主要由车身本体、开启件（各种门、窗、行李箱和车顶盖等）、附件（各种座椅、内外饰、仪表电器、刮水器、洗涤器、风窗除霜装置及空调等）和安全保护装置（保险杠、安全带及安全气囊等）组成。

图 5-1-1 车身外观结构

1. 车门门锁

现代轿车普遍采用电控式中央门锁（见图5-1-2），可以在车内、车外集中控制所有车门，它在车门钥匙上配置无线电发射装置，在车内配置无线电接收装置，构成无线电遥控中央门锁。有的电控式中央门锁还具有服务、报警和防盗等多种功能。

2. 雨刮器和车窗洗涤器

雨刮器是用于清除玻璃外表面的雨水、雪及灰尘的装置，以保证在雨雪天行驶具有良好的视野。现代汽车都采用电动机驱动的雨刮器。为实现冲洗和润滑雨刮片的作用,增加了车窗洗涤器,其功用是将清洁的水或洗涤液喷射到风窗玻璃上,在雨刮器的作用下,清洗风窗玻璃上的尘土和污物,使驾驶员有良好的视野(见图5-1-3)。

图5-1-2 中控门锁开关

图5-1-3 雨刮器、车窗洗涤器开关

3. 风窗除霜(雾)装置

风窗除霜(雾)装置作用是在较冷的季节,有雨、雪或雾的天气,防止水蒸气在风窗玻璃上凝结成细小的水滴甚至结冰,该装置是在装有空调或暖风装置的汽车上(见图5-1-4)。对后风窗玻璃的除霜,常常是利用电热丝加热实现(见图5-1-5)。

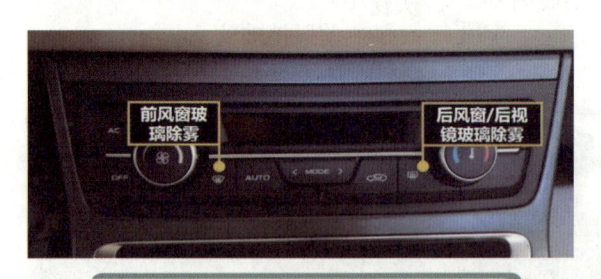

图5-1-4 除霜开关

图5-1-5 后风挡玻璃及电热丝

4. 安全带

安全带在乘员由于惯性而急剧向前冲撞时产生束紧力,保护乘员,避免发生碰撞事故。安全带的布置形式多用三点式安全带(见图5-1-6)。

5. 安全气囊

(1)作用。安全气囊(见图5-1-7)的作用是为了减少汽车在发生碰撞时因巨大的惯性对乘员造成伤害而设置的。统计表明,交通事故中,头部受伤占66%,使用安全气囊,头部受伤率可减少30%~50%,面部受伤率可减少70%~80%。

图5-1-6 三点式安全带

(2)类型。按照安全气囊安装的位置分为正面、侧面安全气囊(见图5-1-8)。

正面安全气囊,安装在驾驶员和乘客的正面,对汽车正面碰撞起安全保护作用。正面安全气囊一般安装在转向盘中央的衬盖内,副驾驶一侧安装在仪表板上。有的车辆还在仪表板下方安置了膝部免受伤害的安全气囊。侧面安全气囊分别安装在驾驶员、乘客的侧面,在汽车侧面碰撞和汽车翻倾时发挥安全保护作用。

图 5-1-7　安全气囊标识

图 5-1-8　正、侧面安全气囊

（3）结构原理。安全气囊主要由碰撞传感器、气体发生器、气囊、安全带收紧器、控制装置以及显示装置等组成。气囊一般用尼龙布制成,在尼龙布上开有排气的小孔,以便在气囊充气后就进行排气,使气囊逐渐变软,加强缓冲作用和不至于影响人员活动。安全气囊只能使用一次,用完即报废。气体发生器用来产生气体,安装于气囊下,能在极短的时间内（30ms 内）将气体充满整个气囊。

安全气囊工作原理（见图 5-1-9）：当汽车发生碰撞时,碰撞强度通过传感器转化为电信号,被电控装置接收,进行分析,发出相应指令,由执行器执行。轻度碰撞时,电控装置指令执行器收紧安全带,保护乘员。碰撞达到一定程度,电控装置指令引爆气体发生器,安全气囊急速膨胀,挡住驾驶员或乘员的身体,起到缓冲保护作用。

安全气囊应注意与安全带同时使用,才能发挥更好的作用。同时注意平时保养维修时,不要重度碰撞安全气囊的各传感器,以免引起误触发,造成不必要的损失（见图 5-1-10）。

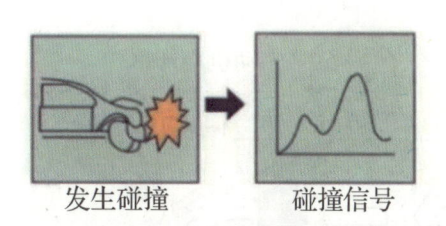

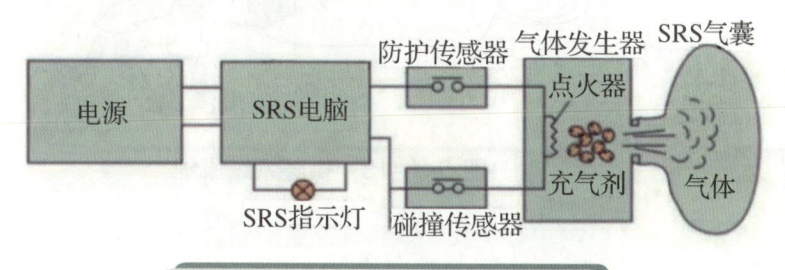

图 5-1-9　安全气囊工作原理

图 5-1-10　安全气囊触发打开

二、汽车空调结构

汽车空调系统（见图5-1-11）是实现对车厢内空气进行制冷、加热、换气和空气净化的装置，主要由制冷系统、供暖系统、通风和空气净化装置及控制系统组成，可为乘员提供舒适的乘车环境，降低驾驶员的疲劳强度，提高行车安全。

图5-1-11 汽车空调系统

1. 制冷系统

汽车空调制冷系统由压缩机、冷凝器、膨胀阀、储液干燥器及蒸发器等组成。

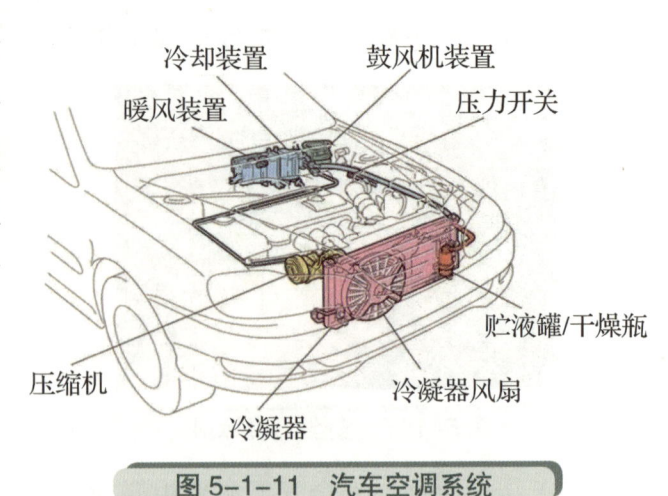

制冷原理（见图5-1-12）：制冷剂R134a蒸汽吸入后，压缩成高温高压制冷剂气体，经高压管送入冷凝器，经冷凝器冷却使高温高压的制冷剂气体冷凝成中温高压制冷剂液体，送入储液干燥器中除去水分和杂质，然后送入膨胀阀，经膨胀阀节流降压，变为低温低压液态制冷剂后进入蒸发器，当鼓风机将空气吹过蒸发器表面时，液态制冷剂汽化吸热，从而降低车内温度。汽化后的制冷剂再次被压缩机吸入，重复上述过程。

2. 供暖系统

供暖系统一般采用发动机工作时冷却液供暖，称为水暖式暖气装置（见图5-1-13）。水暖式暖气装置主要由加热器、鼓风机、热水阀及通风道等组成。

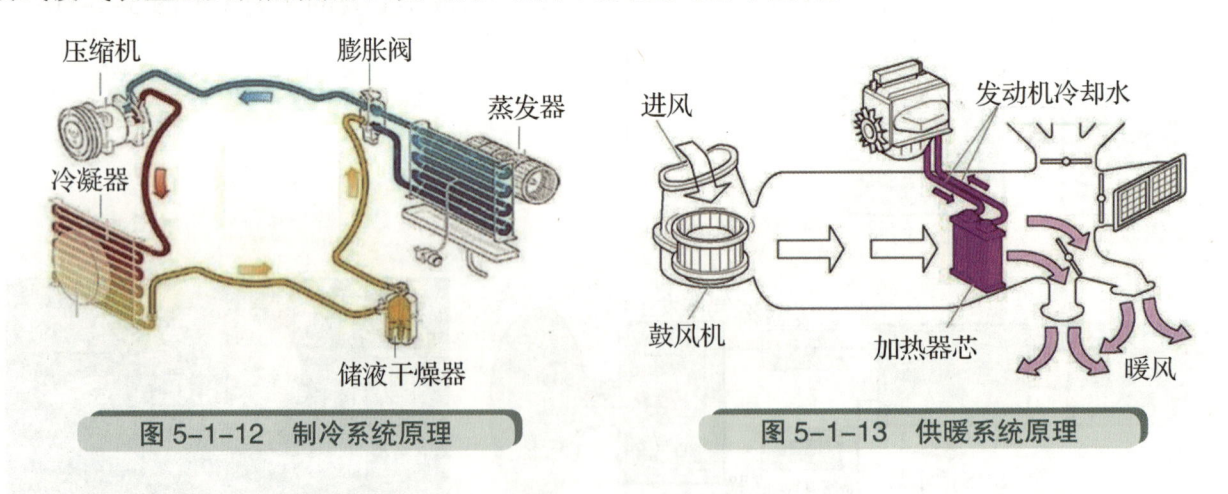

图5-1-12 制冷系统原理

图5-1-13 供暖系统原理

3. 通风装置（见图5-1-14）

汽车通风分自然通风和强制通风两种，自然通风利用汽车行驶时车内外的空气压力差，通过进、出风口进行自然换气；强制通风利用鼓风机对车内空气进行置换。

4. 空气净化装置

常用的空气净化装置有灰尘滤清器、电子集尘器及负离子发生器等，安装在空调器总成内。

图 5-1-14　外循环开关

三、汽车电气设备结构

1. 汽车电气设备分类

现代汽车的电气设备种类和数量都很多，但总的来说，可以大致分为三部分，即电源、用电设备和全车电路及配电装置（见图 5-1-15）。

电源　　　　用电设备　　　　全车电路及配电装置

图 5-1-15　电气设备

（1）汽车电源。汽车电源系统由蓄电池、发电机组成。

（2）用电设备。汽车上的用电设备数量很多，例如起动机、照明灯具、电喇叭、仪表装置、车载收音机、电动雨刮器等。

（3）全车电路及配电装置主要包括中央配电盒、保险、继电器、线束及插接件等。通过这些配电装置，可以将电源和用电设备连接起来，使全车电路形成一个统一的整体（见图5-1-16）。

中央配电盒　　　保险　　　继电器　　　线束及插接件

图 5-1-16　全车电路及配电装置

2. 汽车仪表及照明

（1）汽车仪表系统。汽车仪表系统包括各种仪表和指示灯（见图 5-1-17），用来反映汽

117

车的一些重要运行状态参数，必要时提出警示，保证汽车可靠而安全的行驶，驾驶员行车时应该给予注意。汽车仪表板常见符号对应的示意见图5-1-18。

图 5-1-17 汽车仪表系统

图 5-1-18 汽车仪表板常见符号

（2）汽车照明系统。汽车照明系统保证汽车在夜间及能见度较低的情况下安全、高速行驶，改善车内驾乘环境，便于交通安全管理和车辆使用、检修。

汽车照明系统由电源、照明装置及其控制部分组成。控制部分包括各种灯光开关、继电器等；照明装置包括车外照明、车内照明和工作照明三部分。

（3）信号装置。信号装置通过灯光和音响等手段，向行人和车辆发出警告，以保障行车安全。常见的汽车信号装置有喇叭音响信号装置（喇叭等）、转向信号装置（转向灯）、制动信号装置（制动灯）、倒车信号装置（倒车信号灯）和危险警告信号装置等。

知识库

车载导航系统

对于现代人而言，GPS已经不是一个陌生的名词了。通过商业通信卫星，把GPS应用到车辆导航上面，为汽车驾车人指路，就成为车载导航系统，又称为汽车导航系统，简写为CIPS（见图5-1-19）。

图 5-1-19 车载导航

车载导航系统主要由主机、显示屏、操作键盘（遥控器）和天线组成。它实现了野外踏勘、出游旅行的数字化智能导航。它具有准确的地图、地理信息，清晰的行进路线。车载导航仪的运行主要依赖全球定位系统进行。

GPS全球定位系统

GPS全球定位系统（Global Positioning System，GPS）是一种以人造地球卫星为基础的高精度无线电导航的定位系统，它在全球任何地方以及近地空间都能够提供准确的地理位置、车行速度及精确的时间信息。GPS是美国从20世纪70年代开始研制，历时20年，耗资200亿美元，于1994年全面建成，具有在海、陆、空进行全方位实时三维导航与定位功能的新一代卫星导航与定位系统。

北斗卫星导航系统

北斗卫星导航系统（BeiDou Navigation Satellite System，BDS）是我国着眼于国家安全和经济社会发展需要，自主建设运行的全球卫星导航系统，是继GPS、GLONASS之后的第三个成熟的卫星导航系统。

北斗卫星导航系统由空间段、地面段和用户段三部分组成，可在全球范围内全天候、全天时为各类用户提供高精度、高可靠的定位、导航、授时服务，是国家重要的时空基础设施，定位精度为dm、cm级别，测速精度0.2m/s，授时精度10ns。

2020年7月31日上午，北斗三号全球卫星导航系统正式开通。

车载导航系统的功能

1. 导航功能：驾驶者在车载导航系统上选择行车路线的起点和终点，导航系统根据当前位置和交通情况，提供最优的行车路线。

2. 电子地图：覆盖全国的各大城市及本地道路信息。

3. 转向语音提示功能：如前方遇到道路不通，系统以语音的方式提醒司机。

4. 地位功能：GPS通过接收卫星信号，准确地定出其所在的位置，误差在10m以内。

5. 安全提示功能：内置道路安全属性信息（如红绿灯、超/限速路段、事故危险区域等），导航器会及时以语音和图表的形式提醒驾驶者前方路段安全属性信息，避免违反交通规则，有效防止交通事故。

6. 显示航迹：有效、实时地记录车辆行驶经过的路线。

7. 防盗功能：静态防盗和动态追踪两种，静态防盗是指车主离开汽车，停泊的车辆遭遇偷盗、毁坏、移动时，车辆通过自身的监控系统向GPS监控中心发出警报，并自动与车主手机联系、电话报警等。动态追踪是指可对行使中的被盗车辆进行定位跟踪、车况监听、车迹记录，甚至对车辆断电、断油等。

拓展提升

一、拓展任务

聊到轿车车身，第一个想到的往往是车身的造型设计，但是车身造型往往没有定式，从20世纪50年代至今出现了包括流体风格在内的多风格。在这些不同风格的演变中，轿车造型逐渐由马车型转变为子弹头型，而现在则呈现出了一种更加多元化的造型风格。

二、拓展训练

1. 车身结构将向着怎样的趋势发展？
2. 现代汽车的车身结构有哪些特性？

探寻反思

探寻完本次课程后，您有何感想，请填写下表。

汽车车身基本结构认识
一、学习目标：这节课的学习达到您期望的水平了吗？您满意吗？
二、学习内容：本次探寻有哪些问题没有解决？为什么？或者让您觉得不足的地方在哪里？
三、学习过程：本次探寻中有哪些精彩瞬间，您最满意的地方或者让您最兴奋的地方在哪里？
四、学习方法：如果让您重新探寻本次课程，您会怎样学习？有什么新想法吗？

探寻二 汽车主要操纵机构的认识与使用

情景引入

随着人们生活水平不断提升，越来越多的人成了有车一族。有了汽车，给大家的日常生活带来很大的便利。现在汽车的更新速度非常快，汽车上的一些功能相对应增加了不少，其中也有一些比较实用的技巧，这值得我们学习掌握。

探寻目标

- 知识目标

了解汽车主要操纵机构及其使用方法。

- 技能目标

1. 培养较强的探寻问题并归纳总结的能力。
2. 强化汇报沟通的能力。

- 情感目标

通过探寻汽车主要操纵机构及其使用方法，满足学生的求知欲和好奇心。

相关知识

一、汽车离合器、制动踏板及加速踏板

离合器踏板由左脚控制，要求踩离合器要踩到底，放离合器要缓慢，以免汽车起步冲击。配置自动变速器的汽车，没有离合器踏板。自动挡汽车踏板见图5-2-1，手动挡汽车踏板见图5-2-2。

制动踏板用来实施汽车制动，由右脚控制，非紧急情况下，不要进行紧急制动。一般采用点制动。

油门踏板用来控制发动机节气门，由右脚控制，右脚掌轻放于加速踏板2/3处，根据道路、车载及环境情况确定节气门开度大小。

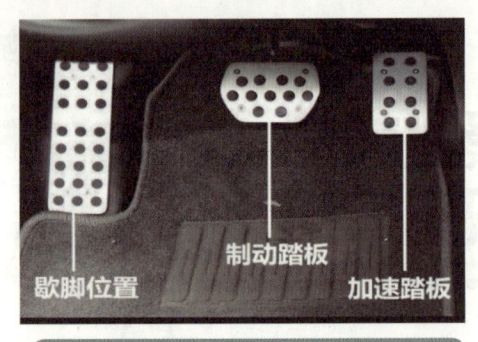

图 5-2-1　自动挡汽车踏板

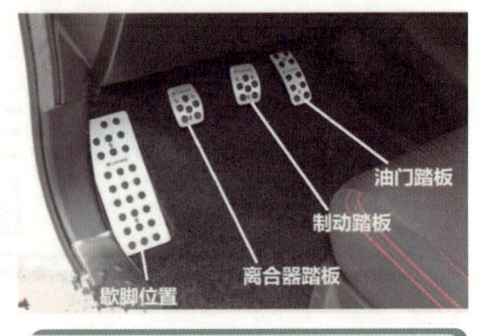

图 5-2-2　手动挡汽车踏板

二、汽车方向盘

方向盘（见图 5-2-3）用于转向，就像驾驶员的指挥棒。使用时左手轻握转向盘左上方，右手轻握转向盘右上方，左手和右手大拇指自然伸直，靠于转向盘轮缘上部，其余四指应由外向内轻握（见图 5-2-4）。

图 5-2-3　多功能方向盘

图 5-2-4　手握方向盘姿势

在平直的道路上使用方向盘，应避免不必要的晃动；如果转向盘受路面凸凹的影响，应紧握方向盘，以免方向盘受车辆的猛烈振动而回转，击伤手指或手腕；若车头向左（右）偏斜时，应向右（左）修正方向，待车头接近回到行驶线时，再逐渐将转向盘回正。应牢记打回方向的原则：打多少回多少，少打少回，慢打慢回，快打快回。

三、汽车安全带

汽车安全带对保护人身安全起着重要作用，在驾驶汽车时应始终系好安全带。系安全带时，应缓慢拉出安全带舌片，将其通过胸部，然后将其插入座椅侧的锁止机构，直至听到啮合声并拉动检查；取下安全带时，按下锁止机构上的橘黄色按钮，舌片会弹出，用手将舌片送向车门使回位器卷起安全带，挡板会将舌片保持在合适的位置（见图 5-2-5）。

安全带使用时应注意：身高小于 1.5m 的儿童不可以配用常规安全带，而应使用儿童约束系统，以免对腹部或颈部造成伤害（见图 5-2-6）；孕妇配用安全带应使上半截安全带穿过胸部中间，下半截安全带拉到大腿上，水平保持在腹部下，收紧安全带（见图 5-2-7）；使用三点式安全带应注意使安全带贴靠肩膀中部（见图 5-2-8），不应让安全带勒在颈部；安全带应通畅、清洁，不得在锋利边缘上摩擦，安全带出口处别让纸片或其他东西堵塞，因损坏或事故而拉长的安全带必须更换。

图 5-2-5　正确使用安全带

图 5-2-6　儿童应使用安全座椅

图 5-2-7　孕妇使用安全带方法

图 5-2-8　安全带佩带位置

四、汽车座椅调整

汽车座椅可以通过相关的拨杆或按钮进行前后、上下及角度等调整，使驾驶员感到舒适轻松。手动座椅调整见图 5-2-9，电动座椅调整见图 5-2-10。

图 5-2-9　手动座椅调整

图 5-2-10　电动座椅调整

座椅前后调整到位后，要使脚向下踩住制动踏板至最深处时，腿部仍要有一定的弯曲感到自然轻松；座椅上下调整到位后，要使驾驶员的目光平视时，视线能够落在前风窗玻璃的中线上，同时注意头部离车顶部要有一拳头左右的距离，手握转向盘的高度大约低于肩部

10cm左右为宜;座椅靠背角度调整到位时,靠背倾斜度注意不可过于倾斜,否则影响操控汽车;腰部支撑调整的标准是,让座椅支撑住腰,向后靠时,不让腰部悬空,这样的位置可以最大程度上减少驾驶过程中的疲劳。有些座椅没有腰部支撑的功能,可以自己买个小垫子支在腰后;头枕调整最佳位置是头枕的中心线与眼眉在一条线上,尽可能地让后脑和头枕完全接触。

五、驻车制动的使用

驻车制动即停车时为车辆提供制动力,防止溜车。一般分为手刹、脚刹、电子驻车。

手刹,是使用最广泛的驻车制动方式。采用钢丝拉线连接到后制动蹄上,以对车辆进行制动。使用手刹驻车制动时,将手柄向上拉,必须拉紧拉足,以防汽车自动滑移。如果在接通点火开关时使用驻车制动,制动警告信号灯会发亮;放松驻车制动时,将手柄略朝上拉,并按下锁钮将驻车制动杆向下推足(见图5-2-11)。

脚刹以脚踏板代替手刹拉杆,省力同时能够节省空间(见图5-2-12)。

图5-2-11 手刹

图5-2-12 脚刹

电子驻车通过电子按键可一键实现驻车制动启动或释放,比传统手刹方便省力。电子驻车可有效避免传统手时拉不到位导致溜车的问题。有些车型的电子驻车在踩油门时便可自动释放,避免带着手刹行驶导致制动系统出问题(见图5-2-13)。

图5-2-13 电子驻车

六、变速杆的使用

变速器用于改变汽车行驶速度,分为手动变速器和自动变速器两种类型。

1. 手动变速器

手动变速器有5个前进挡和一个倒挡(见图5-2-14)。手动变速器换挡动作依次为:踩离合同时松加速踏板→从原挡位经空挡拨入另一挡位→适当加油→松离合器；挂入倒挡时，应在车辆静止时，将换挡手柄按下，再挂入倒挡。

注意：对手动变速器，行驶时请不要将手放在变速杆上，否则手上的压力会传到变速器内换挡拨叉上，造成拨叉过度磨损。

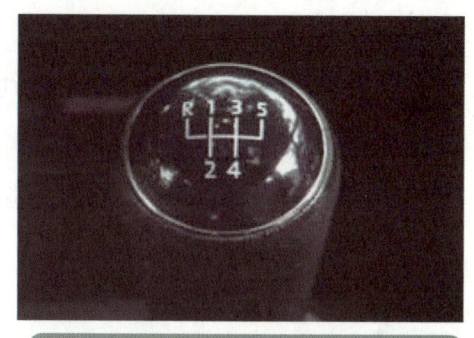

图 5-2-14　手动变速器换挡杆

2. 自动变速器

大多数自动变速器的挡位，从前到后依次分别为：P（停车挡）、R（倒挡）、N（空挡）、D（前进挡），而有的前进挡中只包括 D、L 挡（见图 5-2-15），有的车型前进挡有三个挡位（D、2、1）（见图 5-2-16）。

图 5-2-15　D、L 型自动变速器挡位

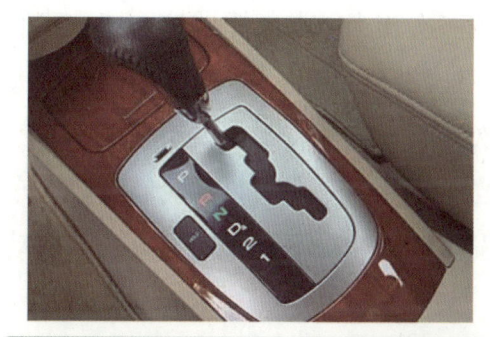

图 5-2-16　D、1、2 型自动变速器挡位

前进位的设置规律是：高挡位向下兼容，低挡位不能自动向上换挡。即：若选择 2 挡，就只能在 1 挡与 2 挡间自动变换而不能升到 2 挡以上，1 挡、2 挡有发动机制动功能。

自动挡汽车正确的驾驶方法是变速杆在 P 位后，起动发动机，要先踩下制动踏板，方可由 P 位转入其他挡位。

注意：当车辆下长坡时，严禁空挡滑行，应换入 2 挡或 1 挡，借用发动机制动，可避免制动器过热失效，也容易控制车速，避免事故；倒挡与前进挡的转换一定要在车辆停止状态下进行，绝对不能在车轮转动时挂入倒挡。

七、点火开关的使用

1. 机械钥匙启动

如图 5-2-17 所示，LOCK 挡（锁止挡），此位置是钥匙插入和拔出的位置，此时车辆除了防盗系统和车内小灯以外，电路完全关闭，方向盘被锁止。

ACC 挡（附件通电挡），将钥匙拧到此位置时，附件

图 5-2-17　机械钥匙启动

用电路会接通，收音机等设备可用。

ON挡（接通挡），将钥匙拧到此位置时，全车电路接通，系统会为启动发动机做必要的准备工作和自检工作，车辆正常行驶时钥匙会保持在这个位置。

START挡（启动挡），将钥匙拧到此位置时，启动机电路接通，会带动发动机运转并启动。松手后钥匙会自动回到ON挡。

2. 无钥匙启动

如图5-2-18所示，无钥匙启动，驾驶员携带智能钥匙进入车内时，车内的检测系统会马上识别智能卡，经过确认后车内的电脑才会进入工作状态，这时踩下刹车按启动按钮，系统会启动发动机；如果不踩刹车按启动按钮的话，按一次相当于点火钥匙拧一挡，我们可以使用一些功能但不让发动机启动；按两次相当于点火钥匙拧两挡，按第三次相当于完全关闭点火钥匙。

图5-2-18 一键启动

当车辆要停车熄火时，我们只要在车子停稳后挂入P挡，再按下一键启动按钮，就可以关闭发动机。如果不在P挡熄火的话发动机虽然停止运行但是车辆不会彻底断电。

八、车灯的正确使用

1. 转向灯与驻车灯

在点火开关开启状态，将操纵杆拉至相应位置时，A方向为右转信号灯。B方向为左转信号灯；而在熄火状态下，将操纵杆拉至相应位置时，分别为右、左两侧的驻车灯开启（见图5-2-19）。

图5-2-19 灯光操作杆的使用

2. 远光灯和远光瞬时接通功能

当拨杆拨动至位置C时，仪表盘上的远光指示灯亮起，同时远光灯开启；当需要远近光交替时，只需把拨杆拨动至位置D即可。

3. 雾灯开启、自动大灯、近光灯、示宽灯

前、后雾灯开关在方向盘的左下方位置。灯光的开启方式很简单，直接将旋钮旋转至相应位置即可。AUTO键亮起时，意味着自动大灯此时处于开启状态，此时无须人工手动调节

大灯。当旋至雾灯位置时，前雾灯开启，继续将旋钮拉出后，前、后雾灯将同时开启（见图 5-2-20）。

4. 大灯调节

大灯调节旋钮（见图 5-2-21）在方向盘的左下方位置，该转轮可以调节大灯灯光的亮度和高低。

5. 危险警示灯

危险警示灯按钮位于中控台中间位置，红色标志按键，是双闪灯，遇到特殊情况的时候使用（见图 5-2-22）。

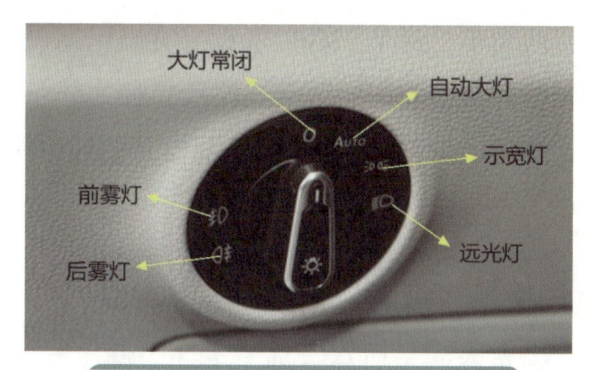

图 5-2-20　灯光旋钮开关的使用

图 5-2-21　大灯调节旋钮的使用

图 5-2-22　危险警示灯

九、雨刮器及洗涤开关的使用

绝大部分在售车型的雨刮器开关（见图 5-2-23），都设置在方向盘后右侧的拨杆上。雨刷拨杆和车灯拨杆一样，上面印有功能标识。虽然不同品牌的标识及标识位置都有区别，但功能是差不多的。

不管是什么档次的车，其配备的雨刮器都会有不同摆动频率的挡位。不同的摆动挡位都有其用武之地，我们可以根据实际情况及习惯选择合适的雨刮挡位。

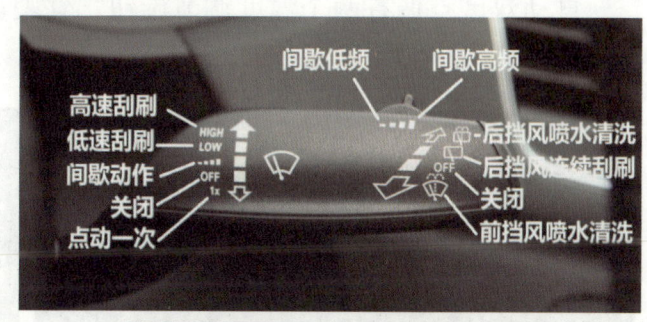

图 5-2-23　雨刮器开关

某些车型雨刷的自动间歇工作挡位是可以调节摆动频率的，让雨刷摆动频率根据车速高低而快慢不同——将雨刮拨杆置于"自动间歇摆动"挡位时，雨刷便会依照调节的频率，根据车速快慢来变化摆动频率。

两厢车、SUV、MPV 等没有突出尾箱设计的车型都会配备后雨刷，这是由于这些车型的后风挡容易被卷起的污水或泥沙弄脏。

注意：冰冻季节在起动雨刮器开关前应检查雨刮片是否与玻璃冻在一起。

十、空调面板的使用

汽车空调主要分三种，手动空调、自动空调、自动双区空调，各自的特点和操作方法如下。

1. 手动空调

手动空调最左侧是冷热风切换和压缩机开关，向蓝色区域转动旋钮，风道内的挡板就会堵住暖风水箱，使气流只经过空调蒸发器，被蒸发器降温后送入驾驶室；向红色区域转动旋钮，风道内的挡板会堵住空调冷凝器，使气流只经过暖风水箱，被加热后送入驾驶室。开冷风时还需要同时打开 AC 开关，压缩机才会工作。中间是调节送风量的旋钮，控制鼓风机转速。最右侧是出风口调节（见图 5-2-24）。

2. 自动空调

自动空调，只有一个温度调节旋钮，还有一个 AUTO 按钮，开空调只需要按下 AUTO 键就行了，这时候空调吹冷风还是热风，取决于环境温度和设定的温度，自动空调系统都有一个外部温度感应器，比如外部温度 28 度，你设定的温度低于 28 度就吹冷风。高于 28 度就吹热风。

3. 自动双区空调

自动双区空调有两个温度调节旋钮，驾驶员和副驾驶位置可以独立选择冷热风（见图 5-2-25）。

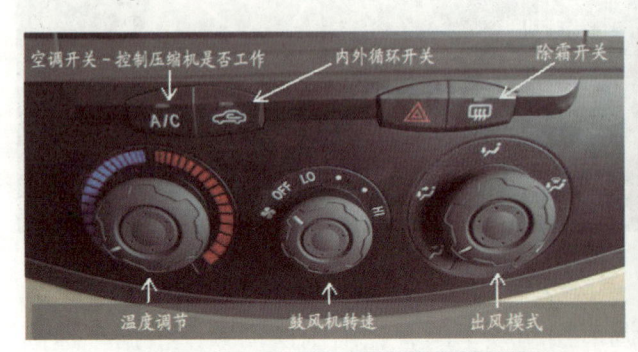

图 5-2-24　手动空调面板　　　　图 5-2-25　自动双区空调面板

知识库

更换汽车备胎

千斤顶和备胎可能是随车最没存在感的物件，很多朋友买车后就把送的千斤顶放在后备箱再也没动过。但如果碰到爆胎、漏气等紧急情况，掌握换胎技巧，有助于快速脱离险境，实在是有车一族必备的应急技能。

1. 换胎前准备

在换胎之前，首先要把车停放在相对安全、平坦的地方。然后拉紧驻车制动并熄火。开启双闪，并在车辆后方适当的位置放置三脚架，提醒后方车辆注意。三脚架一般都放在后备箱侧面隔板里（见图5-2-26）。

三脚架的摆放距离，城市道路白天是50m，晚上是150m；高速则是白天150m，遇上雨雾天气200m，晚上250m（见图5-2-27）。

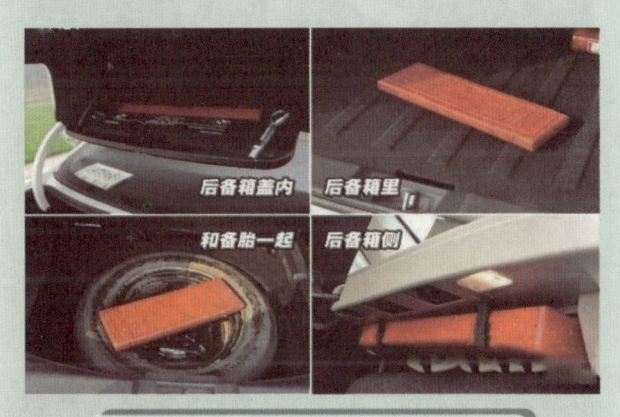

图5-2-26 换胎工具位置

图5-2-27 三角警示架摆放位置

确认随车工具及备胎位置（见图5-2-28），不同的车型，备胎放在不同的地方。有些SUV备胎是放在车尾或者底盘上。一般来说，更换备胎的工具、警示标志都和备胎一起，放置在车辆的后备箱隔板下方中间位置。更换备胎的工具有千斤顶和套筒扳手。

大多数备胎的规格都是小于车本身的轮胎的。我们需要注意的是，备胎上提示的信息（见图5-2-29）：限速为50~80km/h。备胎只是个临时胎，不能长期替代原本轮胎使用。

图5-2-28 备胎及工具放置位置

图5-2-29 备胎的提示信息

2. 换胎

（1）取螺帽。如果轮胎有螺帽，随车工具里会配备一个专用小夹子即螺帽拆取器，将拆取器直接对准螺帽套住，依次将5个螺帽全部取下（见图5-2-30）。

（2）给螺栓松劲儿。用套筒扳手将固定轮胎的螺栓拧松，注意是拧松！不是拧下来，而且要按照对角线方式拧。这一步比较费力气，要借助车的自重和轮胎与地的摩擦力来克服螺栓的紧度（见图5-2-31）。

图 5-2-30 取下螺帽

图 5-2-31 拧松螺栓

（3）找准位置，千斤顶举升。每个轮胎附近都有标记举升位置的，记得要找准，无法确定的话，可以查阅车主手册（见图5-2-32）。确定好位置后，通过摇把举升车辆直至轮胎完全悬空至2cm左右就可以了（见图5-2-33）。

图 5-2-32 千斤顶支撑点

图 5-2-33 轮胎离地

（4）卸下螺栓，卸下轮胎。通常把换下来的轮胎塞到底盘下（见图5-2-34），这样即使千斤顶意外失效了，轮胎还可以起到一定的支撑作用，不至于引发安全事故。

（5）安装备胎。安装备胎的时候对准螺栓口，然后用手将螺栓按对角线方式拧上去（见图5-2-35），能固定就可以了。

图 5-2-34 轮胎塞到底盘下

（6）放下千斤顶，拧紧螺栓。此时，备胎已经固定，放下千斤顶，让备胎着地，借助车子与地面的摩擦力，利用套筒扳手，按照对角线方式，拧紧（见图5-2-36）。

图 5-2-35 紧固螺栓顺序

图 5-2-36 放下千斤顶

（7）把换下来的轮胎放回车内，收拾好千斤顶、三脚架以及工具包。

拓展提升

一、拓展任务

汽车后视镜是我们的第三个眼睛，通过汽车后视镜，我们能够观察到车身左右和两侧的情况，不过汽车后视镜只有调到正确位置才能起到最大的作用，那么汽车后视镜调到什么位置最好呢？调整后视镜的前提条件是座椅位置已经调好。最佳的座椅位置应该为手关节搭在方向盘顶部时手部略微弯曲，背部和头部自然靠在座椅上，左脚将离合踩到底或者右脚将刹车踩到底后膝盖仍然微微弯曲。总而言之，座椅调好之后方可调整后视镜。

二、拓展训练

1. 汽车后视镜按照调整方式不同有哪几类？
2. 汽车后视镜该如何调整？

探寻反思

探寻完本次课程后，您有何感想，请填写下表。

汽车主要操纵机构的认识与使用
一、学习目标：这节课的学习达到您期望的水平了吗？您满意吗？
二、学习内容：本次探寻有哪些问题没有解决？为什么？或者让您觉得不足的地方在哪里？
三、学习过程：本次探寻中有哪些精彩瞬间，您最满意的地方或者让您最兴奋的地方在哪里？
四、学习方法：如果让您重新探寻本次课程，您会怎样学习？有什么新想法吗？

探寻三　汽车日常检查与常规保养

情景引入

很多车主认为只要定期去4S店或维修厂保养就万事大吉，这种观点其实是片面的，汽车和我们人体一样，要想保持良好的运行状态就需要平时多注意细节观察和养护，只有对隐患做到早发现早维护，才能让车辆维持一个较好的状态。这一部分内容包括日常用车中哪些检查项目需要重点注意，每个项目的检查内容由浅至深又该注意哪些问题？

探寻目标

- **知识目标**

了解汽车日常检查与常规保养的方法。

- **技能目标**

1. 培养较强的探寻问题并归纳总结的能力。
2. 强化汇报沟通的能力。

- **情感目标**

通过探寻汽车日常检查与常规保养的方法，满足学生的求知欲和好奇心。

相关知识

一、汽车日常检查

1. 检查机油量

（1）机油量检查。将车停放在平整的场地上，待发动机停机5min后，拔出机油量尺。机油标尺一般是在发动机前面，有一个黄色的拉环（见图5-3-1），将它拉出来。用抹布擦干净，然后重新插入到底，再拔出查看。注意观察机油尺时不要倒置。

检查油尺油位，有些油尺尾端刻有"ADD"字样（加油），往上一点刻有"FULL"（满）的字样，有些机油尺是在相应的地方打有小孔或刻线（见图5-3-2）。观察油膜的位置，如果油膜低于或位于下刻线（ADD），就需要添补机油；如果油膜处于下刻线（ADD）与上刻线（FULL）之间，则不需要添补机油。

图 5-3-1　机油尺

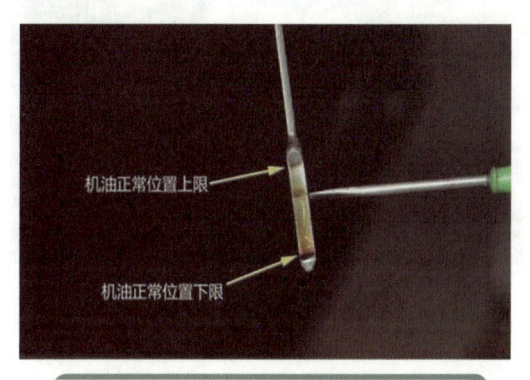

图 5-3-2　机油尺刻线

（2）发动机机油的添加。发动机机油量不足时，应及时添加。注意加入的机油品牌、黏度等级应与车辆使用说明书规定的相一致。

首先打开加油口盖（见图 5-3-3），然后加注机油（见图 5-3-4）。注意加入机油的量不能过多，加注完后再检查机油量。最后起动发动机，运转 5min 后，再次复查机油量。

图 5-3-3　机油加注口

图 5-3-4　机油加注

2. 检查冷却液

冷却液储液罐用来贮存和补充冷却液的，一般安装在发动机室内一侧。散热器是发动机用来散热的，一般安装在发动机的前部。

（1）检查方法。通过观察储液罐内冷却液的液位（见图 5-3-5），半透明的塑料罐上标有 MAX（最高）、MIN（最低）标记。在发动机冷态时，其中的冷却液液面必须处于最高和最低两标记之间，当发动机达到热态时，液面可略高于最高标记。

（2）检查结果判断。如果发现冷却液液位低于壶上所标的最低刻线，应选用原厂规定的冷却液及时加注。加注冷却液时（见图 5-3-6），要在发动机处于熄火并冷态时进行，打开储液罐盖，添加冷却液，切记不要使液面超过储液罐的最高标记，添加完毕后，务必将盖拧紧。

图 5-3-5　冷却液储液罐及标记

图 5-3-6　冷却液加注

3. 检查汽车电源

（1）检查蓄电池的状况。很多车型的蓄电池上都有一个观察孔（见图 5-3-7），一般位于电瓶右上角位置，通过观察孔的颜色变化来判断电瓶状况。如果孔内的颜色呈绿色，说明电瓶情况良好；呈黑色，说明电池电量不足需充电；呈白色，则表示蓄电池快报废了，需要及时更换。

此外还可以通过其他方式，初步判断蓄电池是否亏电。如车辆起动较平时困难，起动无力，需要不止一次打火；夜间行车怠速时，前照灯灯光亮度暗淡；原来点火着车后仪表盘上的指针立马有反应，而在亏电情况下着车，仪表盘要延迟 1~1.5s 才有反应等，这些情况就是提醒需要检查蓄电池了。当然，如果有设备，可以直接测量蓄电池的电压是否符合标准。

如果发现电极接线处有绿色的氧化物（见图 5-3-8），可以用开水冲掉，同时清洁蓄电池的接线柱，并涂上专用油脂加以保护，延长蓄电池寿命。如果蓄电池极桩松动需及时紧固。

图 5-3-7　蓄电池观察孔

图 5-3-8　蓄电池极柱氧化

（2）检查发电机状况。检查传动带是否磨损老化（见图 5-3-9）。判断发电机是否正常发电，可观察仪表上的充电指示灯，启动发动机后，充电指示灯长亮，说明发电系统故障；发动机起动几秒后充电指示灯熄灭，说明发电机工作正常（见图 5-3-10）。

图 5-3-9　发电机新旧皮带对比

图 5-3-10　充电指示灯

4. 汽车前照灯灯泡的更换

汽车前照灯的更换方法不尽相同，在此只是其中一个类型。

更换大灯灯泡时，首先要确认车辆已经熄火，防止搭铁。打开发动机舱盖，拔掉灯泡的电源插口（见图 5-3-11），取下大灯后方的防水盖板（见图 5-3-12），捏住底座旁边的钢丝卡簧（见图 5-3-13），待卡簧松开后即可取出灯泡。再以相反的顺序安装即可完成更换，安装时注意灯泡上的固定卡位（见图 5-3-14）。

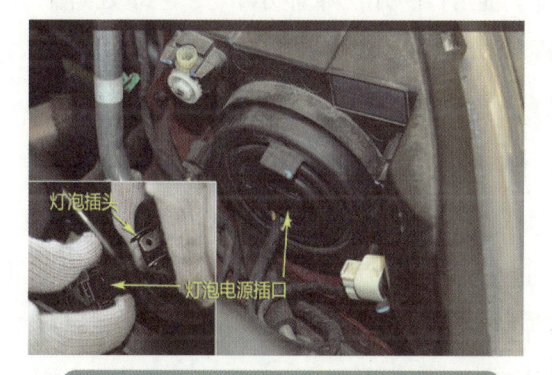

图 5-3-11　拔掉灯泡电源插口

图 5-3-12　取下大灯防水盖板

图 5-3-13　取下灯泡

图 5-3-14　灯泡固定卡位

注意，务必熄火切断电源，不要用手直接触摸灯泡，更换的灯泡规格型号必须与原来的一致。

二、汽车使用与常规保养

汽车在运行中,由于机件磨损、自然腐蚀和其他原因,技术性能将有所下降,如长期缺乏必要的维护,不仅车本身的寿命会缩短,还会成为影响交通安全的一大隐患。对于一名车主,注重对汽车的保养,才能保持汽车良好的技术状态,延长汽车的使用寿命。

1. 新车使用

一般人的误区认为新车磨合就是磨合发动机,这是不全面的。新车磨合最关键的实际上是两个目的:第一要进行人车磨合,第二才是车中各部件的磨合。人跟车总要有个适应期,只有对汽车的性能了解透彻,才能使用得更加顺手。磨合较好的车辆磨合期过后整体车况也会更上一层楼。一般情况下,新车要跑足 2 000km 磨合期,这是保证机件充分接触、摩擦、适应、定型的基本里程,但注意不要使发动机连续工作的时间太长,否则会造成机件磨损过度。

(1) 发动机启动。新车使用从正确启动发动机开始。插插入钥匙打到"ON"挡,等自检结束再打到启动挡,随时监视仪表盘的各种信号灯,遇有不明故障显示,要立即处理。

(2) 汽车起步。冷车要不要预热后起步呢?现代汽车的用材和制造工艺已经基本解决了冷车起步的弊端。但如果时间不是很急的话,最好还是热一下车。因为环境温度不一样,没有固定不变的热车时间规定。可以以水温表的指针刚一动为准。

(3) 新车初驶阶段应注意以下几点。

①速度。新车 500km 为初期磨合,车速不宜过快,一般为 70~80km/h 以下,转速不要超过 2 200r 为好;500~1 000km 为中期磨合,最高速度可适当提高到 90~100km/h,转速在 2 500r 以下为好。但是偶尔还是要拉拉高速的,可以清理积炭和汽油胶质。

②新车载荷。新车满载运行将会对机件造成损坏,因此,在最初的 100km 内,国产车载荷不能超过额定载荷的 75%~80%;进口车载荷不能超过额定载荷的 90%。

③刹车。由于新车刹车盘和刹车片不是完全平整接触的,不能发挥最佳状态,所以磨合期需要注意的就是别急刹车,要采取有预见性的缓刹车。尽量在最初行驶的 300km 内不要采用紧急制动。如确有突发情况,也应尽量先踏下离合器踏板,以减少对发动机冲击。

④离合器。离合器在正常行车时,是处在紧密接合状态,应无滑转。行车时不要没事踩离合器踏板,或把脚放在离合器踏板上,会很容易造成离合器打滑、离合器片烧蚀等现象。

起步时的正确操作:起步时离合器踏板的操作要领是一快、二慢、三联动。即在踏板抬起开站时快抬;当离合器出现联动时,踏板慢慢抬起,在离合器踏板抬起的同时,根据发动机阻力大小逐渐踩下油门踏板,使汽车平稳起步。

换挡时的正确操作：在行车中换挡时，操纵离合器踏板应迅速踩下并抬起，不要出现半联动现象，否则，会导致离合器的磨损。

停车时的正确操作：踩制动踏板先降低车速，车速降下来以后要先踩下制动踏板，然后再踩下离合器踏板，使汽车平稳地停下来。

⑤轮胎。新车胎压普遍偏高，要及时检查，调整至维修手册上的指示，并根据温度的变化，随时检查，保持在最佳胎压状况。

2. 常规保养

常规保养项目主要包括机油及机油滤芯、空气滤芯、汽油滤芯和空调滤芯的更换，火花塞的保养和更换，变速箱油等相关的系统检查项目与保养。

（1）机油及机油滤清器的更换主要是针对润滑系统进行的维护保养。机油滤清器功能是去除机油中的各种杂质，保证润滑系统的正常，机油滤清器应在换机油时与机油一并更换。在常规情况下汽车每行驶 5 000km 或半年就需保养一次。

（2）空气滤芯的作用是在空气进入气缸前对其加以过滤，去除其中夹带的杂质、灰尘、砂粒等异物。空气滤芯的清洁保养视使用环境而定。一般每行驶 5 000km 清洁一次，每行驶 10 000km 须更换空气滤清器。

（3）燃油滤清器可防止混入汽油的杂质和水分造成的气缸磨损。为保证发动机运转良好，更换燃油滤清器周期一般为 40 000km 或两年。

3. 换季养护

由于季节、气候的变化，必然影响汽车运行条件的变化。为了使汽车在不同的地区、不同的季节里都能可靠的工作，在季节转换之前，结合定期维护，附加一些相应的作业项目，使汽车能适应变化的运行条件，这种附加性维护称为季节维护或叫换季维护。季节维护主要有换入夏季和换入冬季两种情况。

（1）换入夏季维护。其主要作业内容是采取防暑降温、防潮、杀菌等保养措施。夏季气温高、空气湿度大，汽车运行在高温环境里，要特别注意对发动机室、车身、底盘、轮胎、空调等部位的检查和保养，要对驾驶室内进行清洁和杀菌消毒（见图 5-3-15）。

（2）换入冬季维护。其主要作业内容是采取防寒、防冻、防滑等保护措施。气温过低容易对汽车各部件造成一定的伤害，故在入冬之前要注意做好汽车保养，特别注意加强对发动机、四油二液（机油、制动油、助力转向油、自动变速器油、防冻液、玻璃清洗液）、蓄电池、轮胎、制动系统、暖气、雨刮器、车灯等部件的检查，因为这些部件是保证冬季行车安全的关键。不同冰点的玻璃水见图 5-3-16。

图 5-3-15 空调风道清洗　　　　　图 5-3-16 不同冰点的玻璃水

4. 日常维护保养

车辆的日常维护与保养，是驾驶员必须完成的日常工作，是针对车辆使用情况所进行的一系列预防性质的维护作业。做好车辆的日常维护与保养，其主要任务是坚持做到"三检"，即出车前、行车中、完成行车任务后检查车辆的安全机构及各部件连接情况和工作状况；保持"四清"，即保持机油、空气、燃油滤清器和蓄电池的清洁；和防止"四漏"，即防止漏水、漏油、漏气、漏电。保持车容整洁，车况良好。

知识库

机油的作用

1. 润滑减磨：活塞和汽缸之间、主轴和轴瓦之间均存在着快速的相对滑动，要防止零件过快的磨损，则需要在两个滑动表面间建立油膜。有足够厚度的油膜将相对滑动的零件表面隔开，从而达到减少磨损的目的。

2. 冷却降温：机油能够将热量带回油底壳，再散发至空气中帮助水箱冷却发动机。

3. 清洗清洁：好的机油能够将发动机零件上的碳化物、油泥、磨损金属颗粒，循环带到油底壳，通过润滑油的流动，冲洗零件工作面上产生的脏物。

4. 密封防漏：机油可以在活塞环与活塞之间形成一个密封圈，减少气体的泄漏和防止外界的污染物进入。

5. 防锈防蚀：润滑油能吸附在零件表面，防止水、空气、酸性物质及有害气体与零件的接触。

6. 减震缓冲：当发动机气缸压力急剧上升，活塞、连杆和曲轴轴瓦等部件均要承受剧烈的负荷变化，黏度适当的机油可以吸收部分冲击，起到缓冲的作用。

机油的分类

目前市场上的机油因其基础油不同，可分为矿物油及合成油两种，其中合成油中又分为全合成机油及半合成机油，全合成机油是最高等级的。

合成油与矿物油的区别

氧化稳定性：全合成机油的抗高温氧化性能比矿物油高 5~8 倍，能有效减少发动机中油泥和沉淀物的产生，全面保护发动机。

燃油消耗低：全合成机油由于具有优异的润滑性，能减少发动机运动部件的摩擦阻力，显著提高汽车的燃油经济性，降低燃油消耗，保护我们的环境。

挥发性更低：全合成机油要比矿物油挥发性低 6~9 个百分点。更低的挥发性，能显著降低机油的消耗，减少汽车尾气的排放。

明显的低温优势：全合成机油具有明显的低温优势，能够适应寒冷冬季的低温环境。

冷启动性：全合成机油的冷启动性优越，有效减少发动机在低温状态下的磨损率。

机油的牌号

SAE 是"美国汽车工程师协会"的英文缩写，润滑油的黏度多使用 SAE 等级别标识。例如：SAE15W-40、SAE5W-40，"W"表示 Winter（冬季），其前面的数字越小说明机油的低温流动性越好，可供使用的环境温度越低，在冷启动时对发动机的保护能力越好；"W"后面的数字则是机油耐高温性的指标，数值越大说明机油在高温下的保护性能越好（见图 5-3-17）。

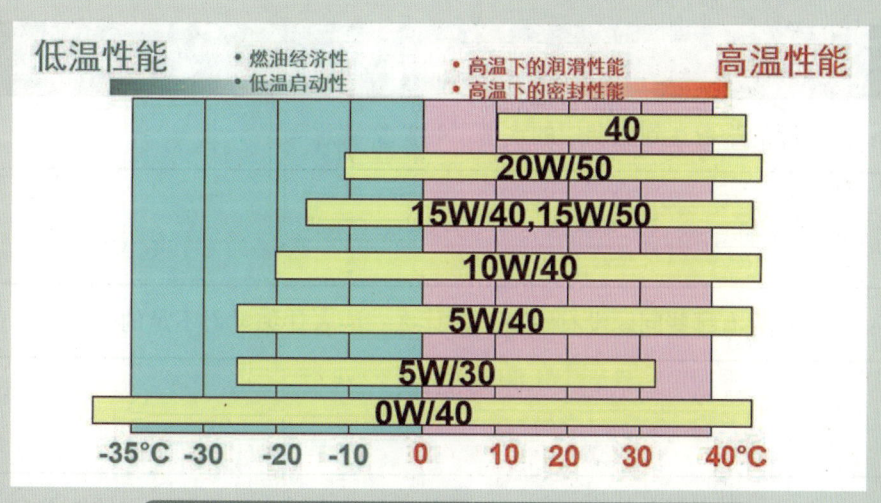

图 5-3-17 不同的机油标号对应的实用温度

API 是"美国石油协会"的英文缩写，机油 API 的品级就是其针对机油指定的品质等级标准。汽油发动机所用机油规格的首字母为"S"，从 SA 到 SN 共 12 种。柴油发动机所用机油规格的首字母是"C"，如果机油标号是"SC"，则说明这款机油为通用型，即汽油发动机和柴油发动机都可以使用。

以汽油发动机为例，汽油发动机使用的机油等级从低到高分别为 SE、SF、SG、SH、SJ、SL、SM、SN。截止 2019 年 8 月，我国汽车使用的机油大部分为 SJ、SL、SM 和 SN。

拓展提升

一、拓展任务

汽车的防冻液是一种含有特殊添加剂的冷却液,主要用于液冷式发动机冷却系统,防冻液具有冬天防冻,夏天防沸,全年防水垢、防腐蚀等优良性能。

目前,国内外95%以上的汽车使用乙二醇的水基型防冻液,其最显著的特点是防冻,其次,乙二醇沸点高,挥发性小,黏度适中并且随温度变化小,热稳定性好。因此,乙二醇型防冻液是一种理想的冷却液。

然而,市面上防冻液为什么有那么多种颜色,防冻液是否可以混加,等等,这些问题,都是驾驶员需要了解的汽车保养问题。

二、拓展训练

1. 防冻液为什么有那么多颜色?
2. 防冻液是否可以混用?为什么?

探寻反思

探寻完本次课程后,您有何感想,请填写下表。

汽车日常检查与常规保养
一、学习目标:这节课的学习达到您期望的水平了吗?您满意吗?
二、学习内容:本次探寻有哪些问题没有解决?为什么?或者让您觉得不足的地方在哪里?
三、学习过程:本次探寻中有哪些精彩瞬间,您最满意的地方或者让您最兴奋的地方在哪里?
四、学习方法:如果让您重新探寻本次课程,您会怎样学习?有什么新想法吗?

话题六

汽车选购

随着经济的日益发展，想要选购汽车的人越来越多。我们应该如何选购汽车呢？一般购车者对于价格、配置、性能、保值率等方面都会重点考虑，这些方面我们应该如何权衡？下面我们一起来学习。通过本章的学习，让学生了解如何选购汽车，掌握汽车选购的步骤和注意事项。

探寻一　购买新车

情景引入

面对琳琅满目的汽车市场，如何购买到称心如意的汽车，对多数人而言是一门全新的学问。这里对选购家用乘用车（轿车）的基本原则和方法提供一些看法。

探寻目标

- 知识目标

1. 了解选购汽车应该考虑的几个方面。
2. 了解每个方面对汽车使用的影响。

141

- **技能目标**

在选购汽车时能够根据自己的实际情况进行选择。

- **情感目标**

1. 通过对汽车发动机的学习,逐渐形成学习兴趣和自信心。
2. 培养学生善沟通、能协作的专业素养。

相关知识

一、购车档次选择

1. 轿车档次

轿车分微型轿车、普通级轿车、中级轿车、中高级轿车和高级轿车等,其对应的排量和价格见表6-1-1。

表6-1-1 轿车不同档次对应的排名和价格

汽车档次	发动机排量 /L	参考价格 /万元	车辆性能	购车目的	适用家庭
微型轿车	≤1	≤10	一般	代步	经济一般
普通级轿车	1~1.6	10~15	较好	代步、公务	经济中等
中级轿车	1.6~2.5	15~20	好	公务、代步	经济较好
中高级轿车	2.5~4	20~30	豪华	公务、代步	经济好
高级轿车	≥4	≥30	超豪华	公务、享乐	经济很好

2. 轿车档次选择

首先应考虑购车的目的和家庭经济条件,量力而行。在考虑汽车经费支出时,不仅要考虑汽车售价,还应综合考虑附加费(包括车辆购置税、牌证费、保险费、车船使用税和日常的使用费等)。高档车各方面收费都较高。

我国2004年颁布的《汽车产业发展政策》提出,"引导汽车消费者购买和使用低能耗、低污染、小排量、新能源和新动力的汽车,加强环境保护",并对购买小排量汽车有许多优惠政策。我国自主品牌奇瑞QQ(见图6-1-1),大量出口欧洲和美国,很受欢迎。

图6-1-1 奇瑞QQ

有些购车者面临着进口车的选择问题,社会上流传"日系车省油、德系车安全、法系车时尚、美系车大气",有一定历史背景,可以参考。

相同排量和配置的进口车,由于关税,价格一般比国产车高,各种其他税费及日后的配件及使用费等都较高。现在世界主要汽车大公司都来我国合资,根据我国实际情况设计,生产的汽车质量都比较好。

二、汽车款式选择

现代汽车品种繁多,每年都推出几十款新车,用户可以根据自己喜欢,进行选择。以下对不同车款的特点进行简单介绍。

1. 三厢车

三厢车"有头有尾",车尾密封的行李箱方便行李与人分开。缺点是扁阔的行李箱放不下较大件的行李,行车时乘客照顾不到放在后备箱的东西(见图6-1-2)。

2. 两厢车

两厢车的车尾没有行李箱,使车身的长度缩短了很多,转向更加灵活;此外,在停车时不用估计后备箱的长度,所以容易预算位置。油耗比三厢车低(见图6-1-3)。

图6-1-2 三厢车

图6-1-3 两厢车

3. MVP汽车

MVP汽车就是"多用途汽车",它可以作乘用车,也可以用作商务车,还可以用作休闲旅行车,甚至可被当做小货车来使用,一般为单厢式结构,即俗称的"子弹头"(见图6-1-4)。

图6-1-4 MPV汽车

4. SUV汽车

SUV汽车是指造型新颖的多功能越野车,它不仅具有MPV的多功能性,而且还有越野车的越野性(见图6-1-5)。

MPV和SUV汽车车身较高,视野较广阔,座位较高,坐在上面,就好像坐在客厅的椅子上一样，身体与腿部成 90°，长途行车也不易感觉疲倦。

5. 轿跑车

轿跑车兼有轿车和跑车特点，一方面强调要善于奔跑、具有运动性，另一方面又不能丢掉轿车载人、实用的功能。轿跑车给人以潇洒的感觉，车速快，为众多年轻人和汽车运动爱好者所青睐（见图6-1-6）。

图 6-1-5　SUV 汽车

图 6-1-6　轿跑车

三、汽车颜色选择

1. 汽车颜色

汽车的颜色五花八门，不同颜色给人的感觉不同。

（1）银灰色最能反映汽车本质的颜色。看见银灰色就想起了金属材料，给人的整体感很强。美国杜邦的调查结果显示，银色的汽车最具人气，也最具运动感。

（2）白色给人以明快、活泼、清洁、朴实大方的感觉，容易与外界环境相吻合而协调。另外，白色是膨胀色，容易使小车显大。白色车相对中性，对性别要求不高。

（3）黑色是一种矛盾的颜色，既代表保守和自尊，又代表新潮和性感，给人以庄重、尊贵和严肃的感觉。黑色也容易与外界环境相吻合。黑色一直是公务车最受青睐的颜色，黑色高档车气派十足，但低档车最好不要选用黑色。

（4）红色给人以跳跃、兴奋和欢乐的感觉。红色是放大色，同样可以使小车显大，阳光下感觉如同一团火焰，非常夺目，跑车或运动型车非常适合红色。

（5）蓝色给人感觉是清爽、舒适、豪华和气派。

（6）黄色给人以欢快、温暖和活泼的感觉。黄色是扩大色，在环境视野中很显眼，跑车选用黄色非常适合，小型车用黄色也非常适合。出租车和工程抢险车的黄色，一是便于管理，二是便于人们及早发现，并可与其他汽车区别。但私用车选用黄色的不多。

（7）绿色有较好的可视性，这是大自然中森林的色彩，也是春天的色彩。小车选绿色很有个性，但豪华型车如果选用绿色，有点不伦不类。

实际汽车生产企业一般都准备了很多种颜色可供选择，如捷达汽车有多达 16 种颜色，有些高档车更准备了几十种颜色，可谓色彩斑斓，琳琅满目。你可以向销售商索取该车的色彩样本，选择你所钟爱的颜色，据此向销售商订货。

2. 颜色与行车安全

国内外大量科学研究表明，不同汽车外表颜色，发生撞车等交通事故的机率不同。黑色汽车交通事故率最高，而银灰色最安全。

（1）颜色是有进退性的，即所谓的前进色和后退色。例如，有红色、黄色、蓝色和黑色共4部轿车与你保持相同的距离，你就会觉得红色车和黄色车要离自己近一些，是前进色；而蓝色和黑色的轿车看上去较远，是后退色。前进色的视觉效果要比后退色好，看起来要近一些，车主就会及时察觉到危险情况。

（2）颜色有胀缩性，即膨胀色和收缩色。如将相同车身涂上不同的颜色，会产生体积大小不同的感觉。如黄色看起来感觉大一些，是膨胀色；而同样体积的黑色、蓝色感觉小一些，是收缩色。收缩色看起来比实际要小，尤其是傍晚和下雨天，常不为对方车辆和行人所注意而诱发事故，黄色等为膨胀色，看起来比实际要大，不论远近都很容易引起注意。

四、汽车性能比较

汽车质量的好坏本质在于其各项使用性能。

1. 发动机

发动机是汽车的"心脏"，它的性能决定了整车的动力性能、经济性能和排放性能，应认真比较。

2. 底盘

汽车的底盘包括传动、行驶、制动、转向和悬架等，直接影响到车辆的行驶安全性、稳定性、舒适性和操作方便性，也影响到汽车的动力性、经济性能。

3. 车身

车身款式多样，主要从外观颜色、尺寸以及车内空间等方面选择。车身总体尺寸在汽车说明书上都有标出。相同外形尺寸的车辆，轴距和轮距越大，稳定性越好，车内空间也越大，但占地面积也更大、转弯半径更大、质量更重、油耗更高。女性比较喜欢小巧玲珑的"迷你"型车。车身的设计还与油耗有很大关系，流线型越好的车空气阻力小，更省油。

五、汽车的配置比较

1. 配置的多样性

一个系列的家用汽车，往往包括很多具体型号，它们之间，可能外形没有很大区别，但配置却相差很多，价格也不尽相同。这主要是在除发动机与变速器之外的其他配置。

汽车主要配置包括空调装置、制动防抱死装置（ABS）、安全气囊（SRS）、CD音响、卫星定位（GPS）、倒车雷达、铝合金轮毂、金属漆、动力转向、防撞侧杆、电动倒车镜、电动门窗、顶窗、防盗设施以及水杯托架、储物箱等。

2. 汽车配置选择

汽车配置可以根据自己需要与条件选择。

对安全配置是优先要考虑的。ABS、安全气囊（SRS）已经成为乘用车的必须配置。真皮座椅气派、美观、凉爽、透气性好、易于擦洗，适于南方炎热地区使用。但北方寒冷地区真皮座椅又凉又滑，汽车转弯时有一种容易滑出去的感觉，所以，北方人喜欢选用绒面或布面座椅。中国幅员辽阔，客观环境千差万别，挑选汽车时自然也要区别对待。

CD音响不可没有，但也不必要求太高，高保真音乐越动听，越容易分散驾驶时的注意力，增加事故的可能性。

六、汽车售后服务的比较

车辆的售后服务是购车要考虑的一个重要环节，因为日后车辆的保养和维修要延续几年甚至十几年时间，良好的售后服务会给你带来许多方便。

1. 维修服务

对比售后服务，一是要看所在的地区有多少你所确定购买的品牌汽车的专业维修点，维修点多，说明厂家重视售后服务；二是看这些专业维修点的维修水平、服务态度和价格标准及厂商给予他们何种授权及评价。

2. 汽车的保修期

汽车在保修期内，厂家负责免费维修，只要不是车主的人为因素，一般连维修配件都是免费的。

保修期分保修年数和行驶里程数两种。对于出租车、营运车而言，一年可跑上十多万公里，其着眼点当然是放在保修的里程数上，保修期一年十万公里对于他们非常有利，而对私家车来说，一年下来，也就是两万公里左右。所以，汽车保修期也是选车时不能不考虑的一个因素。

七、比较他人对汽车的评价

1. 请教专家。
2. 请教身边购车者。
3. 查询网上车友论坛。
4. 留意新闻媒体。

知识库

新手小白如何选择新车

首先要确定购车预算，购车除了裸车价之外，还有购置税、牌照费、汽车保险等费用，购车时手里除了日常的开销能拿出多少钱，想买个什么价位的，是全款还是按揭付款，把这些都确定了，那就按自己心里预期的价格区间去选择车。

确定什么价位，就要明确我们购车的用途和喜好。针对不同的消费人群和用途，车的种类也很多，你是选择舒适的轿车，还是驾驶视野更好的SUV，如果是商用可以选择MPV，如果拉货可以选择货车或皮卡。

接下来我们要确定品牌，现在汽车品牌众多，同一个价格同一车型有几个甚至几十个品牌可以选择，如果自己有喜欢的目标品牌就好，如果不知道选择什么品牌可以通过网上查找，现在信息时代，什么样的车都能在网上查到，而且对于车的测评有很多信息，可以好好看看，综合考虑一下。

这些都确定好了，相信我们心里都有几款有意向的车了，接下来要看看发动机动力以及车辆配置方面，是要手动挡的还是自动挡的，是自然吸气还是涡轮增压的。现在科技越来越发达，车辆配置越来越高，什么全景影像、定速巡航、自动泊车等，想想自己都需要什么。

接下来去4S店亲自试驾和询价，多去几个店咨询下，每家的报价、政策、赠品等会有所区别，综合考虑看哪个最合适。这样就能很快找到自己想要的车了。

拓展提升

一、拓展任务

汽车性能和配置是汽车选购时应该重点考虑的方面，那么我们应该如何根据自己的需求正确选购新车呢？

二、拓展训练

1. 哪些配置影响汽车的性能？
2. 如何正确选择车型？

探寻反思

探寻完本次课程后,您有何感想,请填写下表。

购买新车
一、学习目标:这节课的学习达到您期望的水平了吗?您满意吗?
二、学习内容:本次探寻有哪些问题没有解决?为什么?或者让您觉得不足的地方在哪里?
三、学习过程:本次探寻中有哪些精彩瞬间,您最满意的地方或者让您最兴奋的地方在哪里?
四、学习方法:如果让您重新探寻本次课程,您会怎样学习?有什么新想法吗?

探寻二 二手车选购

情景引入

旧机动车又称二手车,在国外普及率很高,我国的二手车市场最近几年也逐渐升温。一来二手车价格相对便宜,可以以二手车为过渡;二来对于一些驾驶技术不成熟或用车率较高的车主来说,开二手车不必担心磕碰,保养也比较省心;第三,由于新车型的不断推出及价位的不稳定性,一些急于用车而又短时间不能选中满意车型的消费者,常会选择购买二手车。这样不但可以尽早享受到驾车之便,而且又可等待选择满意车型。

探寻目标

- **知识目标**

1. 了解选购二手汽车应该注意的问题。
2. 掌握二手车的选购方法。

- **技能目标**

在选购二手汽车时能够正确的检查车况。

- **情感目标**

1. 通过对选购二手车的学习,对二手车选购产生兴趣。
2. 培养学生严谨细致的职业态度。

相关知识

一、二手车的选购

二手车由于已经使用过一段时间,性能与车况均不能与新车相比,而且前任车主的保养与行驶环境、事故频率与程度都会关系到二手车的后期寿命的长短与质量,因此如决定选购二手车,事先应明确以下几个问题。

1. 选择"一手"旧车

买车要买真正车主的车或是单位的车,不要选择来路不明、手续不全或车贩子的车辆,否则容易出现麻烦。核实车主很容易,只要查验车辆行驶证上的车主姓名和卖车人身份证上的姓名是否一致,不一致便可能是车贩子。核准了对方的身份后,您还需要看对方是否有原始购车的发票、购置费、车船使用税的缴纳凭证。

2. "验明正身"

为避免买到报废车或组装车,应对旧车验明正身。查看该车行驶证副页上是否盖有年检章,没有这个章的车,要么是报废车,要么您要考虑该车的安全性。核对该车的发动机号和底盘号与行驶证上登记的是否一致。

3. 遵守旧车交易规定

(1)进行旧车交易,必须先到车辆户籍所在的车辆管理所申请临时检验,合格后,填写过户申请表,方可正式交易。旧车成交价格必须体现公平交易、随行就市、按质论价、旧不超新的原则,经交易市场综合评定,对成交价格明显不合理的,按使用时间每年10%折旧率折旧计算价格。买卖双方证明、证件齐全，交易市场审核无误后，方批准成交，出具交易证明。批准合格成交的车辆，按成交额的 2% 缴纳市场管理费和交易服务费。持交易凭证和有关证明到车辆管理所办理过户手续。

（2）有些车辆是禁止进行交易的。禁止交易的车辆，车辆管理部门不予立户，不办理牌证。不准上市交易的车辆有以下几种：走私进口的；来源不明或手续不全的；流通环节违反国家政策、法规的；没有产品合格证；或产品合格证与产品不相符的；华侨、港澳台同胞等捐赠而免税进口的。

二、二手车如何过户

车辆所有权变更须按以下规定办理过户手续。

（1）过户后使用不足半年，不准再次出售过户。

（2）所有旧机动车，须由原车主到指定的机动车检测场经车辆检验合格，在其行车执照上加盖"售前检验合格章"后方准出售。

（3）公车须持旧机动车交易市场发票和该车行车执照，由新车主填写过户审批申请表，盖单位公章办理过户手续。

（4）单位出售或购买控购车辆，须持有批准手续，新车主单位按规定缴纳专项控制商品附加费后方准办理过户手续。

（5）私人机动车，须持旧机动车交易市场发票，新车主填写过户审批申请表并签名盖章，持新车主身份证（户口簿）及其复印件，一寸免冠照片办理过户手续。直系亲属之间过户，凭双方户口簿或双方单位证明信，证实确属直系亲属的可不经交易市场，填写过户审批申请表，经审查无误直接办理过户手续。

三、二手车选购方法

选购二手车时，应对车辆整体状况进行一次全面、细致、专业的检查。至于关键部件（如发动机）更需谨慎，以免日后落入频繁修理的"黑洞"。

1. 外观检查

（1）车漆。对车漆有以下几点需要检查。

①新补的油漆，往往色彩不同于原车漆色，一般经电子配漆配出的漆色比原车的漆色鲜艳，而人工调出的漆色多比原漆色调暗。如果车子开得年头比较长，补漆往往比较多，因而整个车身各个部位颜色会有差异，甚至找不出原车的漆色。小磁铁吸不上去的地方，说明已填补过。

②车身平整度。特别是有大面积撞伤的部位，补过漆后，车身表面看上去如同微微的波浪一样凹凸不平。

③油漆质量。补过的漆往往有如下质量问题：丰满度不如原车的油漆；油漆表面有流痕；表面有不规则的小麻坑；表面有小麻点。

通过上述对油漆状况的分析，我们可以判断一辆车以前被撞面积有多大，车身可能受过多大的损伤。购车者假如发现油漆表面有龟裂现象，如果车未撞过，那么该车至少已使用10年。

（2）车门部分。从车门框B柱来观察是否呈现为一直线，若无波浪（俗称橘子皮）的情形发生，表示无大问题；再从车门查看，可先看车门接缝处是否平整，再打开车门来详细查看A、B、C柱，也就是观看车门框是否呈一线，如果不平整，有类似波浪（俗称橘子皮）的情形，表示此车经过钣金修理。也可将黑色的水胶条揭开来看是否平整，车门附近是否留有原车接合时的铆钉痕迹，留有痕迹的话表示此车为原厂车，没有的话表示此车烤过漆。最后可来回开关车门检视车门开启的顺畅度，无音或开启时顺手则此车为原厂车。

（3）行李箱部分。查看行李箱开口处左右两边的钣金件或与后保险杠的接合处，可翻开行李箱下的地毯，检视该处有无烧焊过的痕迹。

（4）底盘部分。检查轮胎磨损程度、轮胎内外倾角、制动盘锈蚀情况，通过试车可检查减振系统、四轮制动系统、转向拉杆及转向机系统情况，判定固定连接是否牢靠。

2. 内饰

（1）检查座椅及地毯。座椅松动和严重磨损、凹陷，说明车常常载人，并可推断汽车经常在高负荷的工况下行驶。从地毯磨痕可推论出汽车使用频率，如是新地毯更要注意检查真实车况。

（2）冷气不好，可能为制冷剂不足，需要清洗冷凝器或更换压缩机。

（3）一般来说，车子每年行驶20 000km左右，累积里程表显示过低不一定是好现象，说明里程表可能更改过。

（4）检查仪表板和车子外部所有灯光及控制系统是否完好。

（5）车内如有发霉的味道，表明车子可能有泄漏的情况。

3. 发动机

（1）发动机罩。对发动机罩要重点检查以下几个方面。

①外观。仔细查看与翼子板的密合度或发动机留有的缝隙是否一致（有大小不一的情形则要警惕），发动机与挡风玻璃之间的间隙是否一致或留有原车的胶漆。

②内部。发动机罩内的检查更是重点中的重点，打开发动机罩时，先检查一下其内侧，如果有烤过漆的痕迹，表示这片盖板碰撞过，因为一般人不会在这个地方乱烤漆，原因是它

不具有美观的价值。然后可从发动机上方横梁（亦是水箱罩上方工字梁）及发动机本体下方的两条纵梁或俗称"内归"的两内侧副梁等处查看。另外，防水胶条是否平顺，亦是判断此车有无受伤的依据。

（2）发动机内部。对发动机内部要重点检查以下几个方面。

①检查水箱（冷却时）。打开水箱盖后，注意观察冷却水面上是否有其他的异物漂浮，例如锈蚀的粉屑、不明的油污等。如果发现有油污浮起，表示可能有机油渗入到冷却水内；如果发现浮起的异物是锈蚀的粉屑，表示水箱内的锈蚀情况已经很严重。

②检查变速器油。变速器油的检查大多是通过油尺来进行，油尺标有最高油位和最低油位刻度，如果油量在这两个刻度之间就是正常的。如果油位过低，则表示应该加油了，但也可能表示这部车已有漏油的情况产生。检查变速器油量最重要的是查看油是否变色，一般来说，变速器油呈现红色，如果发现变成棕色，则表示该车的变速器可能发生了故障。如果闻到焦味，表示变速器磨损情况严重。

③检查蓄电池。一般蓄电池的寿命大约是两年，因此消费者在检查蓄电池时，可先注意蓄电池上的制造日期。如果已经超过两年，则表示这个蓄电池已经快要报废了。

④检查空气滤清器。打开空气滤清器的盒盖，看看里面的清洁程度如何。如果灰尘很多，滤芯很脏，则表示这部车的使用程度较高。

⑤检视机油尺。检视机油尺前，先准备好白色的布或餐巾纸。在找到机油尺的位置后，先将机油尺拉起，用白布或餐巾纸将机油尺擦干净，然后检查布或纸上留下的机油颜色，如果呈暗褐色，则表示早该换机油了；如果呈黏稠状，也表示保养较差，很少更换机油；如果含有水气那可能就严重了，这种发动机"吃水"的情形，会让水、机油混合而呈现乳白色的色泽，对发动机的伤害非常大。

4. 试驾操作

（1）灯光。转动钥匙至第二挡开关，检视仪表板指示灯是否正常（带 ABS 的车应有显示）。

（2）离合器。发动机起动时，油压灯和蓄电池灯应熄灭。踩动离合器注意噪声，以确定离合器分离轴承是否破损；转入四挡及拉上手制动，慢慢放松离合器，如离合器状况良好，发动机应立刻停止。

（3）转向。可以在原地把转向盘从左到右打满，待回位后再从右至左打到头，看两次的圈数是否一致。还可以将车起动后检查。方法是确定一个参照物，把方向打满，从左至右转一圈，再反回来，看是否回到参照物处，如未回到原处，则证明转向盘有毛病。起动车行驶后还可以看看转向盘回位是否良好，也就是说转向打到头，不动转向盘看车子是否能自动回到直线行驶。

（4）发动机。发动机的好坏只能凭感觉鉴定。一般来讲，声音清脆而且节奏感强的就是好机器，但也有的车在设计时发动机的响声就闷。总之一句话：发动机的声音不能乱。另外，还应看看机舱内的走线是否整齐，在蓄电池上应该只有两条总线走出。

（5）倒车。倒车时变速箱应无异响，发动机发出的声音应具有连续性。

（6）制动。试制动的时候最好能找一块大点的地方。在车速提起来后再踩制动，一般来讲，制动踩下去时车速急降，并且脚下还能有种踩在弹簧上的感觉，这样最好，就怕一脚下去如同踩在砖头上一样。在试完制动后，还应检查一下驻车制动，方法是找一个小坡在踩住制动的同时，拉起驻车制动。驻车制动应该很有弹性地拉起三四个齿时就能使车站住。但还得有两个齿的余量可以再拉紧，并在松驻车制动时不用费力。

（7）异常抖动。如果二手车有不正常的抖动发生，则表示该车的某部分可能产生问题。例如：怠速时车身抖动，则表示发动机部位有毛病；行驶时发现转向盘有抖动现象，则为轮胎部分有问题，可能要送厂做前轮定位。

（8）减振系统。车辆减振系统的好坏，对该车在行驶中的舒适性有很大影响，因此在试车时，可将车辆开到不平的路段，以测试其减振系统。如果减振不佳，坐在车内便会有强烈的颠簸感，车辆的舒适性自然大打折扣。另外，还要注意行驶在这种路面时，车身是否有杂音及异音产生，并注意确定是从何处发出来的，以此来判断该车各部位可能出现的问题。

（9）试行各种路面。只在一般的道路上驾驶，无法判断车辆的真正状态。因此在试车时，最好能在各种路况上行驶，如颠簸的路、多弯道的路、上坡、下坡等，以实际的驾车感受，体验该车的各种性能，并体会这部车开起来是否顺手，或是否易操控。

（10）异常气味。车辆行驶时，该车的各个机件也会跟着运转，如果此时闻到车内或车外有异常的气味，则表示此车某个部位有问题。例如：闻到焦味，可能是发动机室内的电线有烧焦的现象，或传动皮带、制动蹄片因严重磨损而产生焦味；如果闻到汽油味，则可能是发动机油底壳破损漏油，或是输油管、化油器、油箱等有漏油的现象。

知识库

二手车选购的陷阱

现在的二手车市场大都是鱼龙混杂型，对于购车者来说，买车不仅要图性价比，还要多一点心眼来检查车辆，以下购买二手车的注意事项，大家可以多了解以免被骗。

1. 里程表作假

有些车主会在卖车前给车身做一个美容，让外观看起像新车一样，这样是为了能卖出高价。但不乏有些弄虚作假的人，在里程表上作假，明明是跑了十几万公里的车，调成几万公里，这样就给购车者造成一种车比较新的错觉。

2. 价格陷阱

在购买二手车时，如果某车的价格出奇低，千万不要被低廉的价格所打动，世上没有免费的午餐，如此的低价肯定会有什么问题，通常这些车辆是出过重大事故，或者来路不明，抑或是不能正常过户等。所以在看车前需要在网上对比好心目中车款的价格，心里有底，并时刻保持清醒，不冲动购买。

3. 手续作假

一般二手车完整的手续应包括：车辆登记证、购车原始发票、行驶证、车辆购置税完税证明、车主身份证明及交强险等。如果车辆登记证、行驶证缺失且未及时补办，那么该车可能是"黑车"。如果交强险、年检脱审等存在费用拖欠问题，那么购买时需额外增加一笔支出。另外有些车辆本身是套牌车或盗抢车。按照我国法律购买盗抢车，在不知情的情况下需要归还车辆不需要承担刑事责任，如果在知情的情况下购买则需要承担相应的刑事责任。所以购买二手车时一定要查看好手续，及时过户，以免在使用过程中产生不必要的麻烦。

4. 改装车辆陷阱

有些人喜欢追求更好的体验，会在购买新车后进行改装，但却导致卖车时，车的实际参数与出厂技术参数不符。而购买这类二手车，要时刻警惕，因为经过改装的车辆无法过户。另外，经过发动机和变速箱等大改动的车辆存在安全隐患，且加装的配置不在原保险范围，买方必须找保险公司对加装的配置进行价值评估，然后额外上险。

5. 车辆使用性质陷阱

在二手车市场里，会有一部分出租车或者特殊车辆（如教练车、营运车）等经过不法渠道被当做家用车来出售，由于此类车使用频繁以及报废年限不一样，所以一定要多加小心，必要时一定要查看手续或者去车管所进行查询。

6. 车况作假

事故车当好车出售，在二手车市场里是常见的现象，毕竟现时国内的汽车维修技术行业日益渐进，通过各方面的修补，能完全看来像新车一样。但是，就算事故车进行过高质量的修复也不能像原厂新车一样，不能保证其安全性能。因此，在购车时一定要对车辆外观、内饰、底盘、发动机、变速箱等进行细致的检查。

7. 汽车配置陷阱

有些车商为了能吸引眼球，会对车辆进行夸张的描述。比如一个简单的导航，非得说成高大上的多功能仪器；再比如一个普通的标准版配置，非得要说成是豪华版。所以看车时一定要多一点心眼，注意观察该车辆是否与官方的配置单一致，有没有低配当高配，或者擅自改装的部分。

8. 违法记录陷阱

有人在过户前未发现前车主的违法记录未处理，那过户后自己就得对前车主的违法行为负责，如果违章和罚款较多就会是一笔不小的开支，因此在购买前需要查询好该车辆是否"清白"。

拓展提升

一、拓展任务

随着二手车行业越来越受到关注,行业竞争日益激烈,不少用户在交易过程中出现"吃亏"的现象,主要是很多用户缺乏基本的了解,有时过于心急,造成一些损失。我们在选购二手车时怎样才能防止被坑?

二、拓展训练

1. 选购二手车时应该注意哪些问题?
2. 掌握二手车选购的技巧。

探寻反思

探寻完本次课程后,您有何感想,请填写下表。

二手车选购
一、学习目标:这节课的学习达到您期望的水平了吗?您满意吗?
二、学习内容:本次探寻有哪些问题没有解决?为什么?或者让您觉得不足的地方在哪里?
三、学习过程:本次探寻中有哪些精彩瞬间,您最满意的地方或者让您最兴奋的地方在哪里?
四、学习方法:如果让您重新探寻本次课程,您会怎样学习?有什么新想法吗?

探寻三　上牌

情景引入

汽车牌照是汽车号牌与汽车行车执照的简称。1972年发布的《城市和公路交通管理规则（试行）》，把行车执照改称行驶证。汽车号牌一般为两个，分别按规定安装在汽车前后部指定位置上。汽车号牌是准许汽车上道行驶的法定凭证，是道路交通管理部门、社会治安管理部门及广大人民群众监督汽车行驶情况，识别、记录与查找的凭证。

探寻目标

- 知识目标

1. 了解汽车上牌前应该准备哪些资料。
2. 掌握汽车上牌的程序。

- 技能目标

能够按程序办理汽车牌照。

- 情感目标

培养学生按章办事的意识。

相关知识

一、办理临时牌照

在车辆上牌之前要办理临时牌照（见图6-3-1）。一般由汽车经销商到车管所办理临时牌照，以便新车去验车上牌。

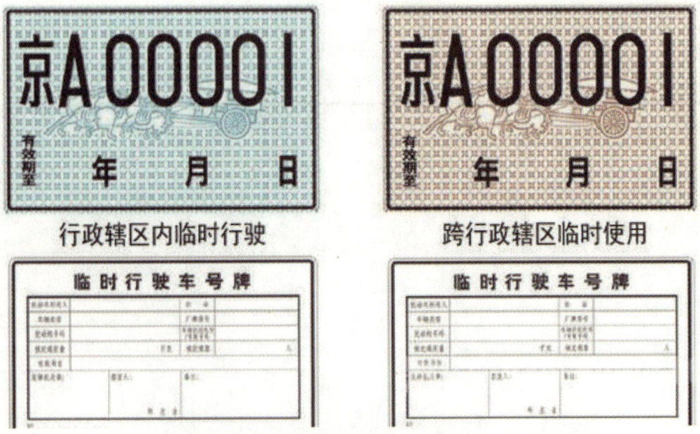

图6-3-1　临时牌照

二、注册登记

新车上牌之前，必须先给车辆注册登

记。在当地车辆管理所填写机动车注册登记申请表（见表6-3-1），要带齐下列材料：购车发票、车辆合格证、身份证或单位的企业代码证、保险单或者保险证（见图6-3-2）、购置附加费证（见图6-3-3）、户口本或暂住证（一年以上）。

表6-3-1　机动车注册、转移、注销登记/转入申请表

申请人信息栏					
机动车所有人	姓名/名称	张三		邮政编码	350000
	邮寄地址	福州市**区**路**号			
	手机号码	***********		固定电话	********
代理人	姓名/名称			手机号码	
申请业务事项					
机动车	申请事项	□注册登记　□注销登记　□转移登记　□车辆转入　□车辆转出 转出至　　　　　省（自治区、直辖市）　　　　　市（地、州）				
	号牌种类	小型汽车		号牌号码	闽A12345
	品牌型号	丰田TV***		车辆识别代号	LF************
	使用性质	□非管运　□公路客运　□公交客运　□出租客运　□旅游客运 □租赁　□教练　□接送幼儿　□接送小学生　□接送中小学生 □接送初中生　□危险货物运输　□货运　□消防　□救护 □工程救险　□警用　□出租营转非　□营转非				

图6-3-2　保险单

图6-3-3　购置税证明

三、验车

机动车注册登记后就可以将车开到车管所检测场检测（见图6-3-4），检验合格后，工作人员在申请表上签字盖章。

四、选号

携带车辆的有关资料以及检测合格证，到牌证窗口电脑选号。一般电脑能提供几个号码，由车主任选一个，或者是由车主自编号码（见图6-3-5）。

图 6-3-4 现场检测

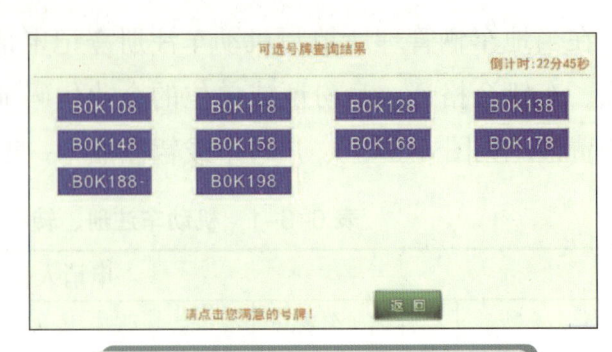

图 6-3-5 选号

五、安装车辆牌照

在号牌领取窗口领取车辆牌照（见图 6-3-6）并安装在车辆上（见图 6-3-7）。

图 6-3-6 领取牌照

图 6-3-7 安装车牌

六、拍照

在指定地点工作人员拍摄带牌照的车辆照片，此照片放在行驶证上，要求照片看清车辆牌照和车辆外观。

七、领取机动车登记证书和行驶证

在领证窗口领取机动车登记证书（见图 6-3-8）和行驶证（见图 6-3-9）。

图 6-3-8 机动车登记证书

图 6-3-9 行驶证

八、缴纳车船使用税

以上手续办理完后，要到指定的场所缴纳车船使用税。逾期不缴，将征收滞纳金甚至罚款。

知识库

汽车牌照

1. 新能源汽车专用号牌：绿底黑字黑框线，新能源汽车号牌为渐变绿色（见图1、图2），大型新能源汽车号牌为黄绿双拼色，地区代码部分为黄色，号码部分为绿色（见图3、图4）。

图1　小型纯电动汽车号牌

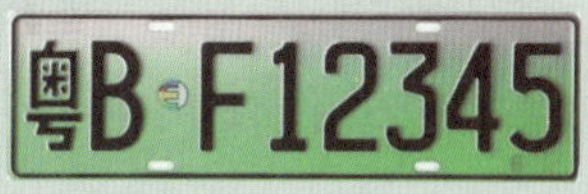

图2　小型非纯电动汽车号牌

图3　大型纯电动汽车号牌

图4　大型非纯电动汽车号牌

2. 大型汽车号牌：黄底黑字黑框线。包括中型（含）以上载客、载货汽车和专项作业车；半挂牵引车；电车（见图5、图6）。

图5　前号牌

图6　后号牌

3. 挂车号牌：黄底黑字黑框线。全挂车和不与牵引车固定使用的半挂车（见图7）。

4. 小型汽车号牌：蓝底白字白框线。中型以下载客、载货汽车和专项作业车（见图8）。

图7　挂车号牌

图8　小型汽车号牌

5. 使、领馆汽车号牌：黑底白字白框线。白"使""领"字，驻华使、领馆汽车（见图9、图10）。

图9　大使馆汽车号牌

图10　领事馆汽车号牌

6. 港澳入出境车号牌：黑底白字白框线，白"港""澳"字，白框线。港澳地区入出内地的汽车（见图11、图12）。

图11　香港入出境车号牌

图12　澳门入出境车号牌

7. 教练车号牌：黄底黑字黑框线，黑"学"字。黑框线。教练用汽车（见图13）。

8. 警车号牌：白底黑字（"警"字为红字）黑框线。汉字与字母之间前点后杠。汽车类警车（见图14）。

图13　教练汽车号牌

图14　警用汽车号牌

9.应急救援车辆号牌：白底黑字（前号牌的"S""X"和前后号牌的"应急"为红字）黑框线。所属救援编号"S"为森林消防，"X"为消防救援，第二位无字母的为应急管理部使用，车牌中间五位使用纯数字，无字母，车牌格式为京·X1234应急（见图15）。

图15　应急救援汽车号牌（前、后）

拓展提升

一、拓展任务

对于第一次购买新车的朋友来说，新车上牌照可不是一件轻松事，烦琐的步骤相信让不少人头疼，其实新车上牌照只需要记住去什么地方办理手续以及需要什么材料就可以，下面我们来详细了解新车上牌照的流程以及所需材料。

二、拓展训练

1.新车上牌需要准备哪些材料？

2.新车上牌的具体流程是怎么样的？

探寻反思

探寻完本次课程后，您有何感想，请填写下表。

上牌
一、学习目标：这节课的学习达到您期望的水平了吗？您满意吗？
二、学习内容：本次探寻有哪些问题没有解决？为什么？或者让您觉得不足的地方在哪里？
三、学习过程：本次探寻中有哪些精彩瞬间，您最满意的地方或者让您最兴奋的地方在哪里？
四、学习方法：如果让您重新探寻本次课程，您会怎样学习？有什么新想法吗？

话题七

汽车文化

汽车从诞生那天起，就被赋予了人类的价值观、生活形态、情感需求等，折射出了不同时代、不同人群的审美取向，形成了汽车文化的特有观念。汽车驶入寻常百姓家，像服装、饮食文化一样，在保有量和使用率达到一定程度之后，人们开始追求更深层次的精神需要，汽车文化应运而生。汽车运动、汽车俱乐部、汽车博览会等汽车活动，使汽车作为一种时尚文化吸引了更多的人融入其中。

通过本章的学习，使学生认识交通标志与标线，了解一些赛车运动方面的汽车文化。知道一些汽车展览方面的知识。

探寻一　交通标志与标线

情景引入

道路交通标志和标线是用图案、符号、文字传递交通管理信息，用以管制及引导交通的一种安全管理设施。中华人民共和国国家标准《道路交通标志和标线》（GB 5768.2—2009）于2009年5月25日由国家标准局发布，同年7月1日起实施。共集录了255种道路交通标志，72种道路交通标线及15个道路施工安全设施设置典型示例。

探寻目标

• **知识目标**

辨认道路交通标志、标线。

• **技能目标**

1. 绘制交通标志、标线。
2. 在教室和车间安装合适的交通标志、标线。

• **情感目标**

分享交通标志、标线在生活中起到的作用。

相关知识

一、道路交通标志

《道路交通标志和标线》规定的交通标志分为七大类：警告标志、禁令标志、指示标志、指路标志、旅游区标志、道路施工安全标志和辅助标志。

1. 警告标志

警告标志是警告车辆和行人注意危险地点的标志，（见图7-1-1）。

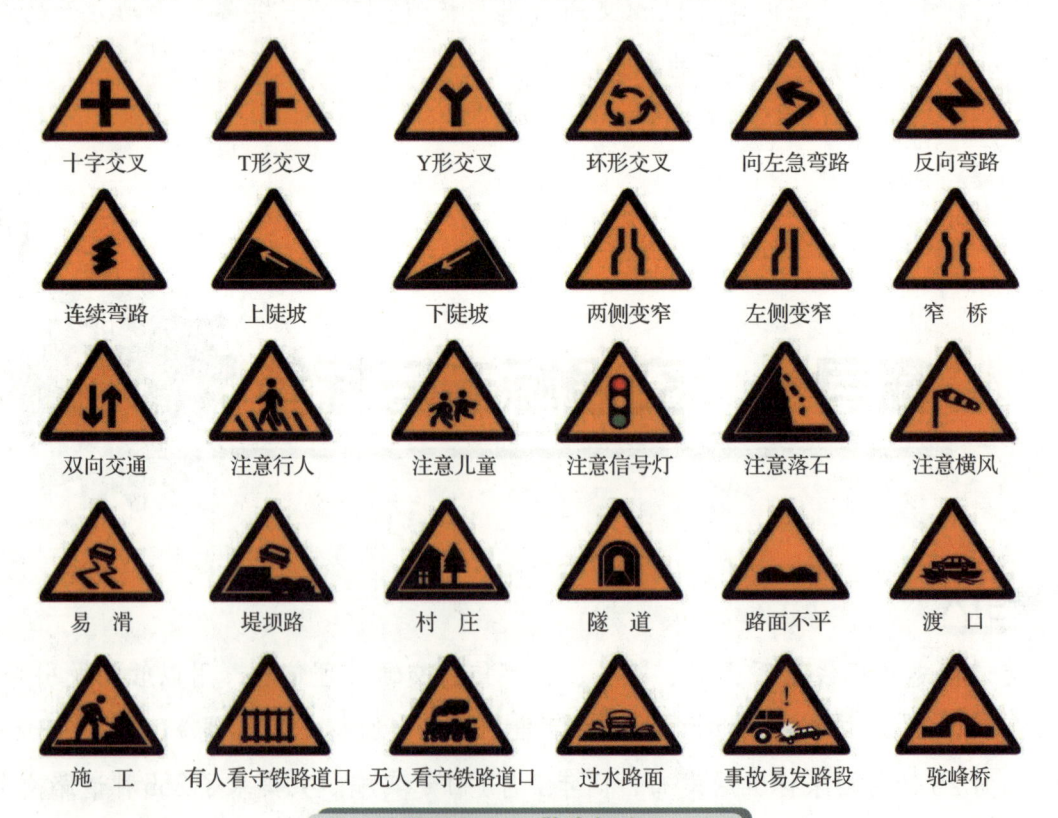

十字交叉	T形交叉	Y形交叉	环形交叉	向左急弯路	反向弯路
连续弯路	上陡坡	下陡坡	两侧变窄	左侧变窄	窄桥
双向交通	注意行人	注意儿童	注意信号灯	注意落石	注意横风
易滑	堤坝路	村庄	隧道	路面不平	渡口
施工	有人看守铁路道口	无人看守铁路道口	过水路面	事故易发路段	驼峰桥

图7-1-1 警告标志

2. 禁令标志

禁令标志是禁止或限制车辆、行人交通行为的标志（见图7-1-2）。

禁止通行	禁止驶入	禁止机动车通行	禁止载货汽车通行	禁止三轮机动车通行	限制轴重	禁止大型客车通行	禁止小型客车通行	禁止汽车拖、挂车通行	禁止拖拉机通行
禁止农用运输车通行	限制速度	禁止两轮摩托车通行	禁止某两种车通行	禁止非机动车通行	禁止畜力车通行	禁止大力货运三轮车通行	解除限制速度	禁止人力客运三轮车通行	禁止人力车通行
禁止骑自行车下坡	禁止骑自行车上坡	禁止行人通行	停车检查	禁止向左转弯	禁止向右转弯	禁止直行	禁止向左向右转弯	禁止直行和向左转弯	停车让行

图7-1-2 禁令标志

3. 指示标志

指示标志是指示车辆、行人行进的标志（见图7-1-3）。

直行	向左转弯	向右转弯	直行和向左转弯	直行和向右转弯	向左和向右转弯	靠右侧道路行驶	靠左侧道路行驶
立交直行和左转弯行驶	立交直行和右转弯行驶	环岛行驶	单行路（向左或向右）	步行	单行路（直行）	鸣喇叭	最低限速
干路先行	会车先行	人行横道	右转车道	直行车道	直行和右转合用车道	分向行驶车道	公交线路专用车道

图7-1-3 指示标志

4. 指路标志

指路标志是传递道路方向、地点、距离的标志（见图7-1-4）。

5. 旅游区标志

旅游区标志是提供旅游景点方向、距离的标志（见图7-1-5）。

玉门	黄河大桥	北京界	顺义道班	平谷道班	G105
地名	著名地名	行政区划分界	道路管理分界		国道编号
S203	X08	交叉路口预告		十字交叉路口	丁字交叉路口
省道编号	县道编号				
环形交叉路口		互通式立交	分岔处	地点距离	此路不通
火车站		飞机场		停车场	
长途汽车站		急救站		客轮码头	
名称古迹		加油站		洗车	

图 7-1-4 指路标志

旅游区方向	旅游区距离	问询处	徒步	索道	
野营地	营火	游戏场	骑马	钓鱼	高尔夫球
潜水	游泳	划船	多季浏览区	滑雪	滑冰

图 7-1-5 旅游区标志

6. 道路施工安全标志

道路施工安全标志是通告道路施工区通行的标志（见图 7-1-6）。

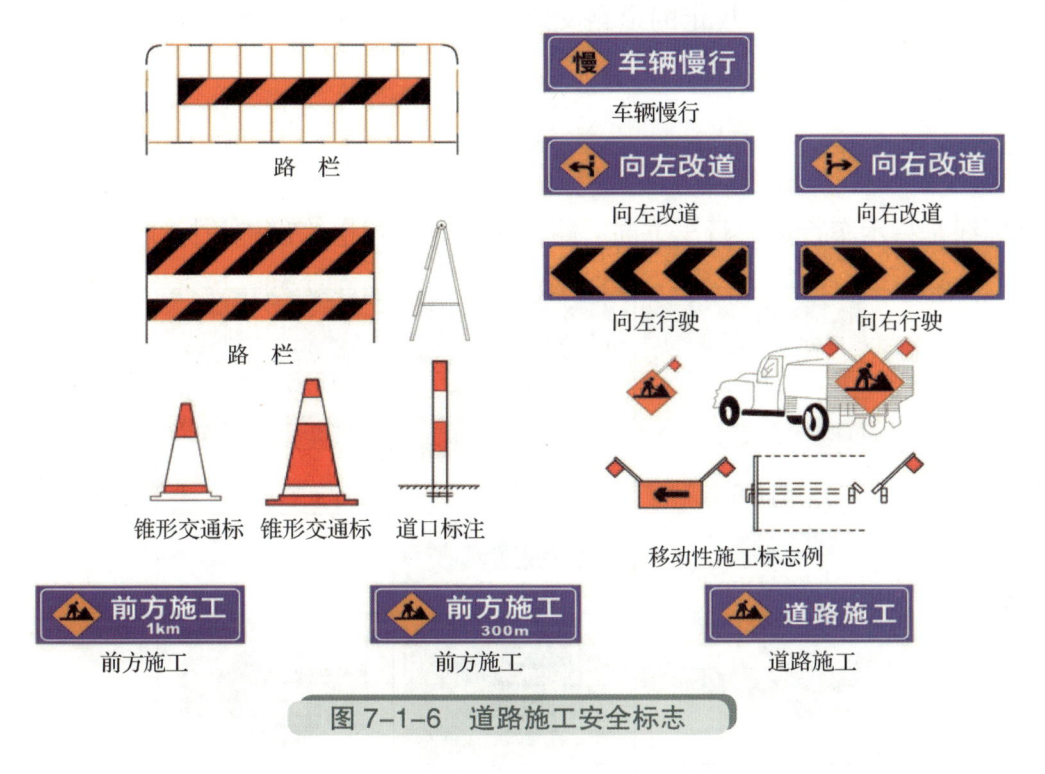

图 7-1-6 道路施工安全标志

7. 辅助标志

辅助标志是附设于主标志下起辅助说明使用的标志（见图 7-1-7）。

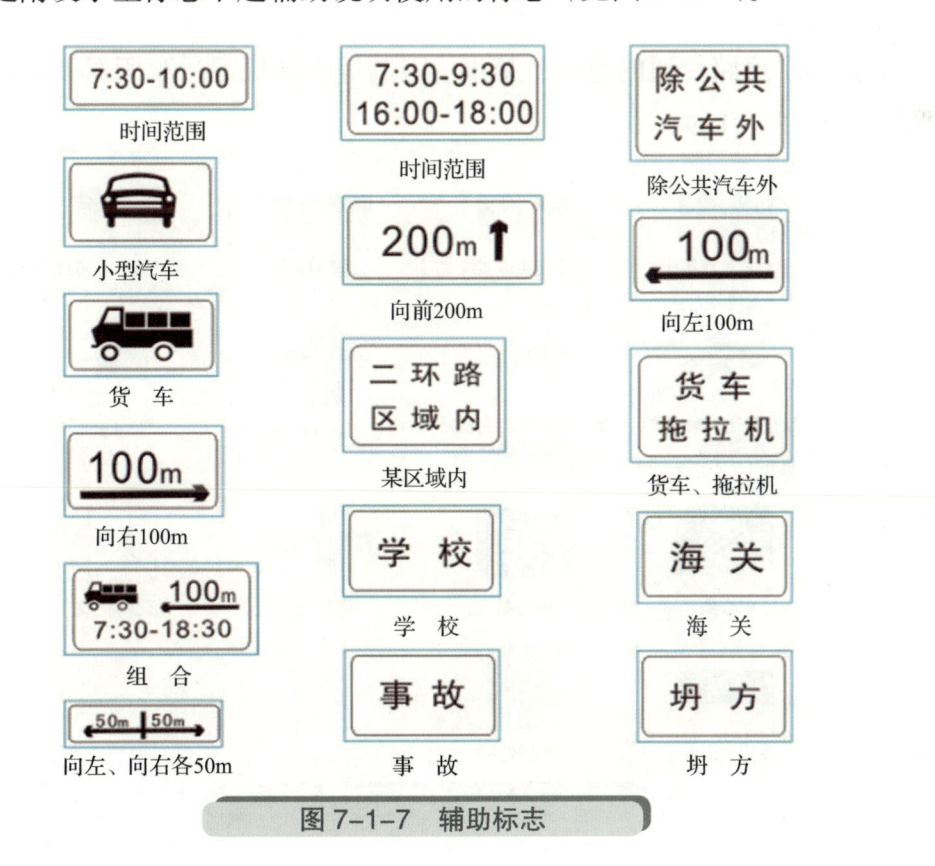

图 7-1-7 辅助标志

二、识别道路交通标线

《道路交通标志和标线》规定的道路交通标线分为三大类：指示标线、禁止标线和警告标线。

1. 指示标线

指示标线是指示车行道、行车方向、路面边缘、人行道等设施的标线（见图7-1-8）。

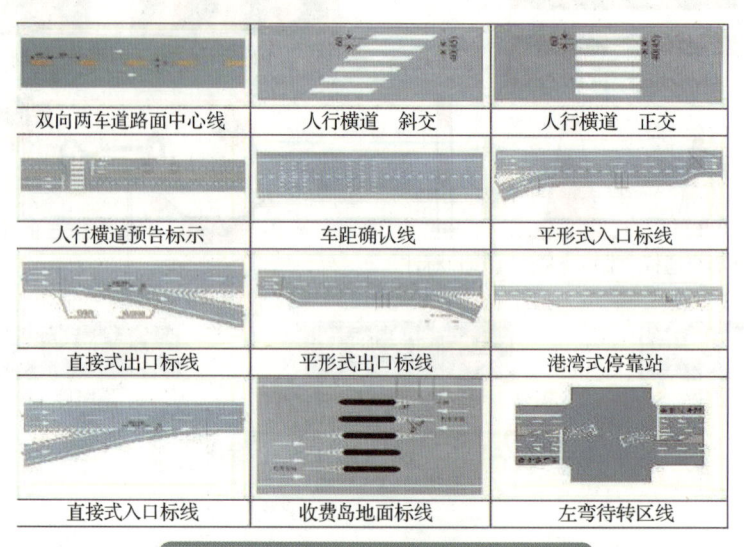

双向两车道路面中心线	人行横道 斜交	人行横道 正交
人行横道预告标示	车距确认线	平形式入口标线
直接式出口标线	平形式出口标线	港湾式停靠站
直接式入口标线	收费岛地面标线	左弯待转区线

图 7-1-8 指示标线

2. 禁止标线

禁止标线是指示道路交通的遵行、禁止、限制等特殊规定，车辆驾驶人员及行人需要严格遵守的标线（见图7-1-9）。

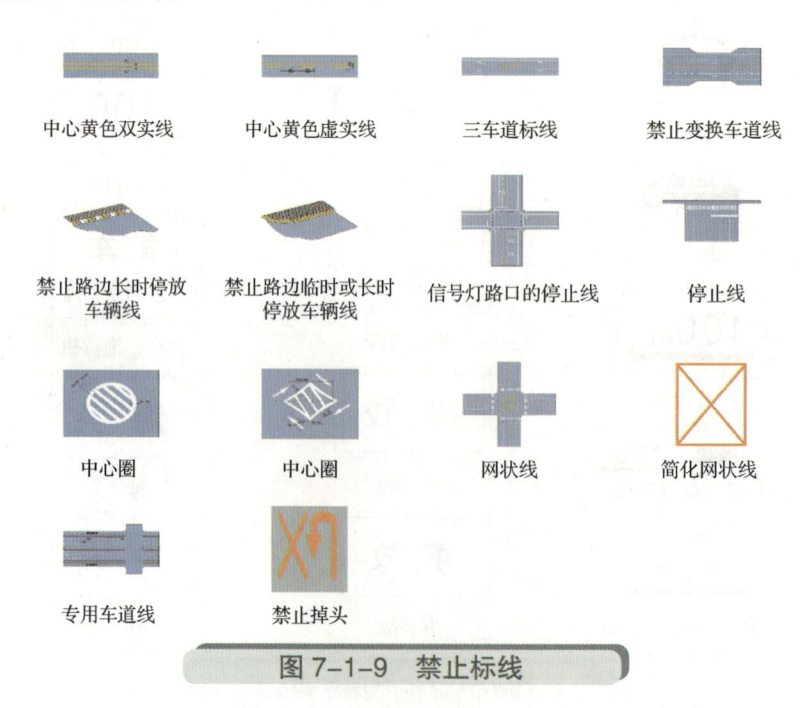

中心黄色双实线	中心黄色虚实线	三车道标线	禁止变换车道线
禁止路边长时停放车辆线	禁止路边临时或长时停放车辆线	信号灯路口的停止线	停止线
中心圈	中心圈	网状线	简化网状线
专用车道线	禁止掉头		

图 7-1-9 禁止标线

3. 警告标线

警告标线是促使车辆驾驶人员及行人了解道路上的特殊情况，提高警觉，准备防范应变措施的标线（见图 7-1-10）。

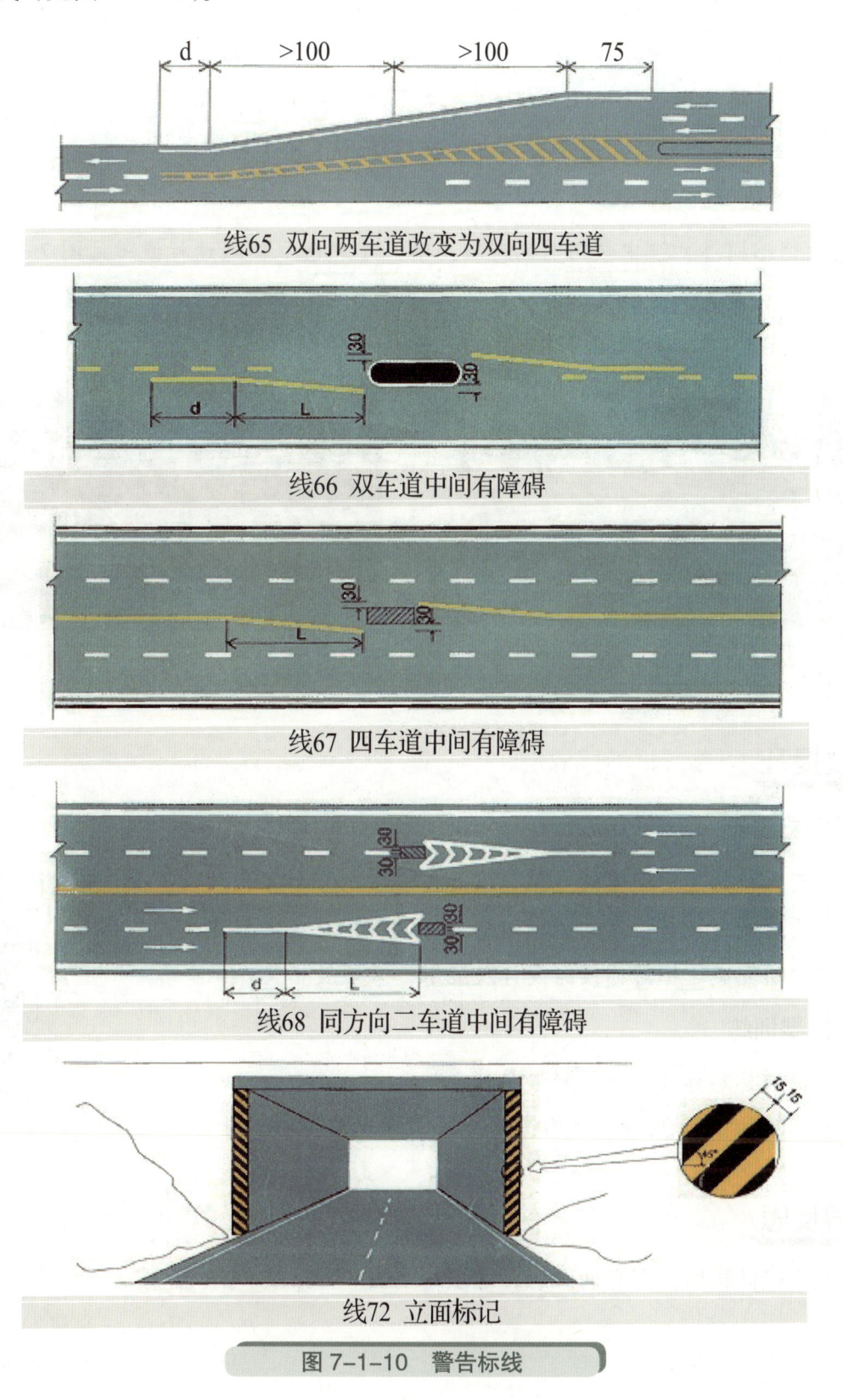

线65　双向两车道改变为双向四车道

线66　双车道中间有障碍

线67　四车道中间有障碍

线68　同方向二车道中间有障碍

线72　立面标记

图 7-1-10　警告标线

知识库

上海卡通 3D 斑马线

上海地铁 9 号线漕河泾开发区站 5 号口有一个人行横道线,配有色彩斑斓的 3D 效果图(见图 7-1-11)。定睛一看,这幅大型街景效果图上居然画着一匹卡通斑马和一辆老爷车。除此以外,这条人行通道还"植入"了两条标语:行走的礼让,文明的力量。把人行道变成 3D 斑马线,是为了通过醒目的图案和标语扩大交通安全宣传效果。

上海三色安全减速标线

上海政通路同济初级中学门前的道路上有一个彩色立体减速标线(见图 7-1-12)。该减速标线通过白黄蓝三种醒目的颜色,使驾驶员达到主动减速的效果。自完工后,因使用效果良好,得到了学生家长及周边市民的一致好评。

图 7-1-11　卡通 3D 斑马线

图 7-1-12　上海三色安全减速标线

拓展提升

一、拓展任务

交通标志标线在生活中随处可见,它是用以管制和引导交通的安全设施,在道路交通技术中广泛使用,是驾驶员行车的方向和向导,是道路标志的最重要组成部分。我们可以通过研究交通标志标线的设计及应用,来拓展相关知识。

从交通标志标线看发展

二、拓展训练

1. 道路交通标志标线的发展趋势是什么?
2. 上海出现的卡通 3D 斑马线和三色安全减速标线说明了什么?

探寻反思

探寻完本次课程后,您有何感想,请填写下表。

工具交通标志与标线
一、学习目标：这节课的学习达到您期望的水平了吗？您满意吗？
二、学习内容：本次探寻有哪些问题没有解决？为什么？或者让您觉得不足的地方在哪里？
三、学习过程：本次探寻中有哪些精彩瞬间，您最满意的地方或者让您最兴奋的地方在哪里？
四、学习方法：如果让您重新探寻本次课程，您会怎样学习？有什么新想法吗？

探寻二 赛车运动

情景引入

赛车运动分为场地赛车和非场地赛车两大类，距今已有超过100年的历史。最早的赛车比赛是在城市间的公路上进行的。场地赛车就是指赛车在规定的封闭场地中进行比赛，它又可分为漂移赛、方程式赛、轿车赛、运动汽车赛、GT耐力赛、短道拉力赛、场地越野赛、直线竞速赛等。非场地赛车的比赛场地基本上不是封闭的，主要分拉力赛、越野赛及登山赛、沙滩赛、泥地赛等。

探寻目标

- 知识目标

1.了解赛车运动的起源。

2.说出每种赛车运动的特点。

- **技能目标**

分析赛车运动对汽车产业发展的意义。

- **情感目标**

观看赛车运动视频，分享自己的观后感。

相关知识

一、赛车运动起源

"赛车"一词来自法文（Grand Prix），意思即大奖赛。在国外，汽车比赛几乎与汽车具有同样长的历史。今天，各式各样的汽车比赛被统称为现代赛车运动，它是世界范围内一项影响较大的体育运动。

随着赛车运动的发展，赛车运动种类越来越多，为推动汽车工业发展，法国、英国、德国、比利时等欧洲国家于1904年6月20日在法国巴黎成立了国际汽车联合会，简称"国际汽联"或"FLA"（Federation Internationale de L，Automobile）。总部以前设在法国巴黎，2004年移至瑞士苏黎世。最高权力机构是世界汽车旅游理事会和世界赛车运动理事会。两个理事会的主席均由国际汽联主席担任，分别另设一名执行主席。两个理事会的成员分别由会员代表大会选举产生。

世界汽车旅游理事会主要负责为汽车使用者解决问题；世界赛车运动理事会主要负责统筹世界各国赛车运动组织，为所有不同种类的赛车运动制定规则，协调安排世界范围内的各项汽车比赛。两理事会分别设立若干个特别委员会在各自负责的范围内进行工作。其中较有影响的委员会有：赛道及安全委员会、一级方程式赛车委员会、拉力赛委员会、卡丁车委员会、汽车旅游委员会、制造厂商委员会等。

中国汽车运动联合会（Fedoration of Automobile Sports of the Peoples Republic of China，FASC）于1975年在北京成立，1983年加入国际汽车联合会。

19世纪80年代，欧洲大陆出现了最早的汽车。赛车运动也随着汽车工业的发展而兴起。起初，汽车比赛的目的是为厂商检查车辆的性能，宣传使用汽车的安全性和可靠性，因此汽车厂商对此积极资助，以推销其产品。世界上最早的车赛是在1887年4月20日由法国的《汽车》杂志社主办的，不过参赛的只有1个人，名叫乔尔基·布顿。

世界上最早使用汽油汽车进行的长距离汽车公路赛，是1895年6月11日由法国汽车俱乐部和《鲁·普奇·杰鲁纳尔报》联合举办的。获得第一名的埃末尔·鲁瓦索尔共用48小时45分钟，平均车速为24.55km/h。但由于比赛规定车上只许乘坐1人，而他的车上却乘坐2人而被取消了冠军的头衔。结果落后很多的凯弗林获得了冠军。此次比赛共有23辆车参赛，跑完全程的有 8 辆汽油汽车和 1 辆蒸汽汽车。

在以后的车赛中，为避免汽车在野外比赛时扬起漫天尘土影响后面车手的视线，造成伤亡事故，车赛逐渐改为在封闭的赛场和跑道（见图 7-2-1）上进行，这就是汽车场地赛的雏形。

图 7-2-1　一级方程式汽车大赛跑道

二、赛车运动种类

随着赛车运动的发展，赛车运动种类越来越多，主要有方程式汽车赛、勒芒 24 小时汽车赛、美国印第 500 英里汽车大奖赛、汽车拉力赛、汽车山地赛和卡丁车赛等。

1. 方程式汽车赛

方程式汽车赛属于汽车场地赛的一种类型。首场汽车场地赛是 1905 年在法国举行的。当时以及以后相当长的时间内，人们对汽车赛没有进行任何限制。比赛的输赢在很大程度上取决于汽车自身的性能，谁的发动机功率大，谁就有可能获胜。1950 年，国际赛车运动联合会出于安全和汽车技术发展的需要，颁布了赛车规则，对汽车自身质量、车宽、车长、发动机功率、发动机排量等技术特性参数进行了一系列规定，使车赛更趋于公平，于是便有了"方程式"（Formula）的概念，该词既有方程式的意思，也有准则、方案的含义，联系到车赛，应把它理解为规则、级别更为合理，但人们对方程式汽车赛的叫法已经习惯了。

方程式汽车赛有 3 个级别：三级方程式（简称 F-3）发动机排量为 2L，发动机功率为 125kW。二级方程式（简称 F-2）发动机排量为 3L，发动机功率为 350kW。一级方程（简

171

称F-1）发动机排量为3.5L，发动机功率为440~515kW。其中，一级方程式汽车赛（图7-2-2）是方程式汽车赛中的最高级别。

目前，世界上约有20多支实力雄厚的一级方程式汽车赛车队，著名车队有法拉利、迈凯轮、威廉姆斯、莲花等。每支车队的赛车通常由世界著名的汽车公司研制。

图7-2-2 一级方程式汽车赛

每支车队一般只派2辆赛车参赛；车手必须持有国际汽车联合会签发的《世界超级汽车驾驶员驾驶执照》才能获得上场比赛的资格，全世界拥有这种执照者不足100人。后勤人员均为一流的汽车维修人员，负责赛车的维修。

2. 勒芒24小时世界汽车耐力锦标赛

1905年在法国的小城勒芒举行了世界第一次汽车大奖赛，自1923年开始，每年6月份都要在那里举行24小时汽车耐力锦标赛。勒芒赛车道为全长13.5km的环行道，在这样的跑道上需行驶24h，是对汽车和赛车手的耐力的极限考验，人们称之为"车坛马拉松"，这是一项十分艰苦的比赛。一般的耐力赛只有500~1000km，而勒芒大赛约为5 000km，勒芒大赛因此在世界上久负盛名。

3. 美国印第500英里汽车大奖赛

印第500英里汽车大奖赛是美国车坛最重要的赛事，奖金最高，现场观众最多，它是美国方程式锦标赛中的一场，但它又是一场独立赛事。印第500英里大赛跑道为固定的椭圆跑道，跑道长4.02km，印第500英里大赛全程跑200圈。

4. 汽车拉力赛

汽车拉力赛（见图7-2-3）属于长距离比赛。汽车拉力赛的"拉力"来自英语Rally，意思是集合，即拉力赛是将参赛的汽车集合在一起进行比赛，然后再集合再比赛，反复进行，最后根据每辆赛车的总成绩排出名次，世界汽车拉力赛通常在世界各地确定若干站，最后一站比赛结束后，根据车手和车队各站比赛的总积分，排定年度冠军车手和冠军车队。

巴黎-达喀尔汽车拉力赛是世界行程最长的汽车拉力赛。由法国巴黎出发，乘船过地中海，在利比亚登陆，在非洲干旱的沙漠、潮湿的热带雨林和各种崎岖路段比赛，途经10个国家，最后迂回到塞内加尔的达喀尔，

图7-2-3 汽车拉力赛

行程 13 000km 左右，历时近 20 天。这一比赛行驶路线长，且选择比赛路段条件苛刻，比赛非常艰苦，淘汰率超过一半。从 1995 年后，巴黎 – 达喀尔汽车拉力赛改为格拉纳达 – 达喀尔汽车拉力赛。

5. 汽车山地赛

汽车山地赛（见图 7-2-4）的路线是非封闭型的，赛程最长可达 20km。道路选择在多山地区，一般为多弯道，经常有接近 180°的急转弯。比赛起点在山脚下，道路不断向高延伸，终点比起点需高出 100~1600m。基于道路条件的限制，汽车山地赛的平均车速不超过 100~130km/h。为了安全起见，选手们一般都是单人比赛，即在前一名选手跑完全程以后，后面的选手才出发。

6. 卡丁车赛

卡丁车赛（见图 7-2-5）使用的赛车是轻钢管结构车身，无车厢，采用 100mL、115mL 或 250mL 汽油机的四轮单座位微型车。卡丁车赛是一种场地比赛，赛车在曲折的环形路上比赛车速。

图 7-2-4 汽车山地赛

图 7-2-5 卡丁车赛

知识库

新奇的汽车比赛

1. 老爷车比赛

英国伦敦市每年都要举行一次老爷车比赛（见图 7-2-6），参加这项比赛的都是过了时的旧式汽车，某些赛车甚至需由人推行一段路之后才能发动起来。

澳门从 1979 年开始举办老爷车比赛，1983 年被国际汽车联合会列为正式比赛，每年举行一次。

图 7-2-6 老爷车比赛

兴起于1959年，每年举办一次的巴塞罗那老爷车比赛，自20世纪70年代后，对参赛车手提出了一个有趣的要求：凡参赛者都要按所驾汽车的年代风尚将自己打扮起来，并且为此专设了一项服装奖。这一规定大受爱好打扮的妇女们的欢迎。

2. 汽车足球比赛

美国和德国等国家兴起一种新式足球运动（图7-2-7），参赛的运动员，要开动甲壳虫一样的汽车追击足球，把足球撞进对方球门。这种比赛用的球比一般足球大，运动员都戴着防撞头盔，车身周围也加有防护设备，以防相撞时发生意外。

图7-2-7　汽车足球赛

3. 滑稽汽车比赛

日本丰田汽车公司为了鼓励职工充分发挥自己的创造力和想象力，经常举办各种奇特有趣的制作比赛，滑稽汽车表演赛就是其中之一。参赛作品要求是非实用汽车，在历次比赛中，先后出现过"长腿蜘蛛式汽车""无转向盘汽车""没有轮子的汽车""能跳跃障碍的汽车""分体汽车"等。

4. 毁车比赛

毁车比赛于1947年从美国兴起。比赛时共有8个队参加，每个队上场4辆旧的普通型轿车。规则要求，只要参赛两队各自所出的4辆汽车中，能够有一辆最先绕长4000m的跑道跑完5圈到达终点就算该队获胜。因此，在比赛一开始，参赛各队就要采取各种措施来阻止对手的车辆前进，甚至使其瘫痪，以保证自己队的车能通过终点。比赛过程中，险象环生，防不胜防，汽车被对手撞下跑道，甚至出现两败俱伤的现象。到比赛结束时，赛场上大部分汽车被毁，剩下的一两辆勉强行驶，摇摇晃晃开到终点获胜。

拓展提升

一、拓展任务

随着汽车文化的蓬勃发展，国内汽车赛事运动应运而生，发展至今赛车运动种类繁多，主要分为直线加速赛、场地赛、拉力赛、漂移赛等。赛车运动的崛起，也表明了我国汽车文化和汽车工业的高速发展。

世界一级方程式锦标赛

二、拓展训练

1. 赛车运动是高危险运动吗？
2. 你了解的国内赛车运动是怎样的？

探寻反思

探寻完本次课程后,您有何感想,请填写下表。

赛车运动
一、学习目标:这节课的学习达到您期望的水平了吗?您满意吗?
二、学习内容:本次探寻有哪些问题没有解决?为什么?或者让您觉得不足的地方在哪里?
三、学习过程:本次探寻中有哪些精彩瞬间,您最满意的地方或者让您最兴奋的地方在哪里?
四、学习方法:如果让您重新探寻本次课程,您会怎样学习?有什么新想法吗?

探寻三　传奇的赛车手

情景引入

赛车是一项危险的体育运动,它被称为是冒险家的游戏,但是它依然有独特的魅力吸引着一代又一代赛车人登上追逐速度的舞台。这就是赛车手们努力拼搏,永不放弃的精神,这也是赛车运动的魅力所在。

探寻目标

- 知识目标

记住著名的赛车手。

- 技能目标

1. 浅谈如何将赛车手精神应用到生活学习。

2. 绘制赛车手职业生涯赛事图。

• **情感目标**

领悟赛车手的精神。

相关知识

一、迈克尔·舒马赫

迈克尔·舒马赫（Michael Schumacher，见图 7-3-1）是当代车王，当之无愧的车神。迈克尔·舒马赫 1969 年 1 月 3 日出生于德国，他 4 岁就开始参加卡丁车比赛。他的父亲拉尔夫将一台小发动机装在一辆废弃的卡丁车上给儿子玩。从那时起迈克尔和他的父亲有了一项新的业余爱好。

1991 年迈克尔·舒马赫代表乔丹车队首次参加了 F1 大奖赛，只参加了一场比赛就被贝纳通车队挖走。第二年他在比利时获得了第一个分站冠军，并在那个赛季获得了总成绩第三名。1994 年他第一次夺得世界冠军，并于次年卫冕成功。1996 年他加盟法拉利车队，虽然赛车问题不断，但他还是获得了第三名。2000 年，舒马赫为法拉利车队夺得车队与车手双料冠军，成为三届世界一级方程式冠军车手，也是法拉利车队 21 年来的首个冠军车手。2001 年，舒马赫再次为法拉利车队夺得车队与车手双料冠军。尽管总是成为传媒的争议人物，但舒马赫以其卓越的表现和过人的天分，无可争议地成为世界车坛最优秀的车手之一。他精明的赛车头脑和娴熟的驾驶技术，特别是在湿滑天气时的表现，为他赢来了应得的赞扬和尊敬。2004 年继续代表法拉利出赛，夺得第 7 次世界冠军。

图 7-3-1 迈克尔·舒马赫

二、胡安·曼努尔·凡乔

胡安·曼努尔·凡乔（Juan Marllel Fangiu，见图 7-3-2）出生在阿根廷一个工厂主家庭。1934 年进入赛车界就表现出非凡的能力，1940 年夺得安第斯远距离耐力赛冠军。胡安第二次世界大战后到欧洲发展，效力于阿尔法·罗密欧车队，1950 年开始举办 F1 方程式汽车赛，38 岁的凡乔立即投身其中，代表罗密欧车队夺得首届比赛的总成绩第 2 名，之后次年便成功夺魁，赢得他传奇生涯中的第一个世界冠军。1954 年，凡乔加盟首次参加 F1 大赛的奔驰公司，并驾驶着奔驰

图 7-3-2 胡安·曼努尔·凡乔

W196赛车接连夺得1954年和1955年的F1年度总冠军，从此，W196成为这位传奇车手最心爱的战车。1956年奔驰公司退出F1，凡乔加入法拉利车队，在驾驶法拉利赛车第四次夺得F1总冠军后，次年离开法拉利，从此以个人身份驾驶玛沙拉蒂赛车参赛。1956年的8月4日，46岁的凡乔在德国纽柏林这个全世界难度最大、最危险的赛道上9次打破世界赛车单圈速度纪录，并夺得冠军，创下了他的赛度纪录，并夺得冠军，写下了他赛车生涯最辉煌的一笔。但在这次比赛中，凡乔的膝盖因赛车座椅架折断受伤，翌年他退出赛车运动。凡乔在F1历史上的影响无人可及，他的画像不仅印在麦克拉伦－奔驰车队车库的墙壁上，更是世界冠军舒马赫最崇拜的偶像。

三、阿兰·普罗斯特

1955年2月24日阿兰·普罗斯特（Alain Prost，见图7-3-3）出生在法国中部靠近圣夏蒙的卢瓦尔区。14岁时，他喜欢上了卡丁车。从乐趣到痴迷，他很快获得了数次卡丁车赛冠军。1974年他退学成为一名专业的卡丁车手。

从1975年代表雷诺车队赢得法国专业卡丁车赛冠军开始，他接连赢得2座冠军金杯，然后他去了F3赛场。1978年和1979年他两获F3法国和欧洲大奖赛冠军。从1980年到1993年，他先后效力于迈凯轮、雷诺、法拉利和威廉姆斯等车队。他四获世界冠军，但是也曾四次决绝地离开所效力的车队。他51次荣获分站赛冠军，这是一个非常伟大的成就。他的获胜次数仅落后于舒马赫和凡乔，在历史上居第三位。

图7-3-3 阿兰·普罗斯特

四、埃尔顿·塞纳

埃尔顿·塞纳（Ayrton Senna，见图7-3-4）生于巴西圣保罗一个富有的汽车制造商家庭，13岁参加卡丁车赛，17岁夺得南美冠军。1981年进入欧洲方程式赛场，不久便赢得福特1600和福特2000方程式比赛的冠军，崭露头角，1983年进入三级方程式车赛后夺得全英F3冠军，成为赛车界关注的对象。1984年塞纳加盟托勒曼车队（现在的贝纳通车队）开始涉足F1赛事。

1985年塞纳转入莲花车队，并在前4个月的葡萄牙埃斯托利尔赛道上展现了他的天才传奇的本领。1988年塞纳加盟迈凯轮车队并战胜队友普罗斯特，赢得第一个

图7-3-4 埃尔顿·塞纳

年度总冠军的称号。他接连在1990年、1991年两度称雄，成为F1历史上第七位"三冠王"。这时，所有的人都相信塞纳将是打破凡乔"五冠王"的第一人选。1992年的4月1日，意大利伊莫拉赛道发生了世界赛车史上惨烈的一幕：当比赛进行到第7圈时，塞纳的车突然失去控制，以每小时300km的速度撞在坦布雷弯道上，一代天才车手塞纳魂归天国，赛车界无不为失去了一个天才车手而惋惜。塞纳的遗体送回巴西后，巴西政府为他举行了国葬。

知识库

马青骅

马青骅（见图7-3-5），1987年12月25日出生于上海，是中国首位进入F1的中国籍车手。8岁起开始练习赛车，12岁时获得全国卡丁车青少年组的冠军。并在2004年被选为亚洲方程式雷诺康巴斯系列赛的参赛选手，以全胜的成绩夺得年度总冠军。

韩寒

韩寒（见图7-3-6），1982年9月23日出生于上海市金山区亭林镇，中国作家、导演、职业赛车手。2009年12月20日，代表上海FCACA车队出战的韩寒，在福建邵武夺得09赛季CRC收官战的车手冠军，收获中国汽车拉力锦标赛N组2009年度总冠军。韩寒成为中国职业赛车史上唯一一位场地和拉力的双料年度总冠军。

图7-3-5 马青骅

图7-3-6 韩寒

张炜安

张炜安（见图7-3-7），1981年5月2号出生于中国香港，曾参加曼岛TT大赛，是赛事史上首位华人车手。并且张炜安最终征服成功曼岛赛道，最佳成绩为原装组第50名。这个成绩或许大家觉得不太理想，但是张炜安作为首位参加曼岛TT大赛的华人车手，能成功完成比赛就已经相当了不起了。张炜安曾说过："赛前我并不知道会有这个奖牌，这个奖牌的意义对我来说是无法衡量的，因为这是一块证明勇气的奖牌"！

图7-3-7 张炜安

卢宁军

卢宁军（见图7-3-8），1957年生于南京市，被誉为"中国车王"。1974年参加中国人民解放军。1982年由空降兵转入新组建的中国特种警察部队，担任特警科研小组组长，指导汽车特种驾驶。2002年，卢宁军成立了"金鼎汽车运动俱乐部"。在卢宁军18年的赛车生涯中，3次夺得亚太汽车拉力锦标赛N组冠军、9次夺得全国汽车拉力锦标赛分站冠军，两获"亚洲最佳车手"奖及"最佳华人车手"奖。

董荷斌

董荷斌（见图7-3-9），1982年12月4日出生于荷兰阿纳姆附近的小镇威尔浦，是著名荷兰籍华裔车手。2010年1月31日，雷诺F1车队在西班牙瓦伦西亚宣布，董荷斌2010年加入雷诺F1车队，并且成为F1历史上第一位华裔车手。在第85届勒芒24小时耐力赛中，董荷斌驾驶的LMP2组别的Oreca 07赛车夺得第二名的好成绩，以组别冠军、全场亚军的成绩刷新中国赛车在勒芒24小时耐力赛中的最好成绩。

图7-3-8 卢宁军 　　　　　图7-3-9 董荷斌

拓展提升

一、拓展任务

从普通的驾驶员到专业赛车手，不仅需要靠个人有原始天赋，还要有选拔训练的机制、有相应的赛制。没有良好的培训机制，有天赋也不会成为优秀的赛车手。

二、拓展训练

1. 赛车手的出现说明了什么问题？
2. 你认为作为一名赛车手的基本条件是什么？

探寻反思

探寻完本次课程后，您有何感想，请填写下表。

传奇的赛车手
一、学习目标：这节课的学习达到您期望的水平了吗？您满意吗？
二、学习内容：本次探寻有哪些问题没有解决？为什么？或者让您觉得不足的地方在哪里？
三、学习过程：本次探寻中有哪些精彩瞬间，您最满意的地方或者让您最兴奋的地方在哪里？
四、学习方法：如果让您重新探寻本次课程，您会怎样学习？有什么新想法吗？

探寻四 汽车展览

情景引入

汽车展览是专门为汽车举办的展览。汽车展览是汽车制造商们展示新产品、树立企业形象、展示公司实力、争夺汽车市场的舞台；也是进行汽车技术交流、发展经贸合作的良好机会；同时也能展现汽车风格和文化，促进汽车文化的交流与发展。

探寻目标

- **知识目标**

1. 列举世界著名汽车展览。
2. 概述什么是概念车。

- **技能目标**

分析汽车展览流行的意义。

- **情感目标**

参加车展，交流参加车展后的感受。

相关知识

一、世界著名汽车展览

1. 法兰克福车展

法兰克福车展（见图7-4-1，图7-4-2，图7-4-3）在德国法兰克福举行，是世界上最大的汽车展之一，有世界汽车工业"奥运会"之称。

该车展创办于1897年，在第35届之前，该车展的举办地在柏林，此后移到法兰克福市中心不远的一些大厅进行。原来是每两年举办一次展览，现在改为每年的9月举行，并确定一年为轿车展，一年为商用车展。一些世界级汽车公司"梅赛德斯－奔驰""宝马""奥迪""欧宝"以及"保时捷"都有自己专门的展厅。

图7-4-1 法兰克福会展中心图

图7-4-2 法兰克福车展

图7-4-3 长城汽车亮相法兰克福车展

2. 日内瓦车展

日内瓦国际汽车展（见图7-4-4，图7-4-5）每年在瑞士日内瓦举行。每年的参展汽车多得不胜枚举，反映了当今世界的汽车流行趋势，由于欧洲是世界主要汽车市场，各大汽车公司竞相在该车展亮相，推销自己的新产品。大型高级轿车、豪华小轿车、面包车、跑车和赛车等是该会展上的主要产品。

图 7-4-4　日内瓦车展

图 7-4-5　日内瓦车展

3. 东京车展

东京车展每年十月在日本东京举行，交替展出商用车和小轿车。该车展始于 1966 年，1985 年第 26 届东京汽车展是当代最大的汽车展览会，总共展出汽车约 1000 辆，参观者达 120 万人。

东京车展聚集了日本本土车厂出产的各种汽车，以及各种各样的汽车电子设备和技术。东京车展历来以规模大，注重新产品、新技术的推出，展出产品实用性强而闻名于世界。

4. 英国伯明翰车展

英国国际车展所在地伯明翰（Bimingham）是英国除了首都伦敦外的第二大城市，位于整个英格兰地区的核心地带，许多世界知名的车厂都在这个地区设厂，例如，在伯明翰的近郊和附近就有美洲豹、路虎、劳斯莱斯、本特利等英国车厂汇集之处，这也是为什么在伯明翰所举办的车展会比在首都伦敦所举行的伦敦车展更受到车厂与观众重视。

伯明翰车展的举办地——国家展览中心坐落在伯明翰的东郊，这是一个整合了车站、国际机场、旅馆与展览场的庞大建筑，自从 1978 年以后，这里就一直是英国国际车展的举办场地。英国伯明翰车展每两年举办一次。虽说在世界汽车展中这个车展不算太著名，然而因为这个历史悠久的工业大都市的盛名，每次总会让车迷们有着不少的期待。除了在巴黎车展亮相的不少新车外，各大厂商也很给面子，为该展会准备了不少新车。并且 2006 年英国本土车厂一改往届的颓势，推出不少靓丽的新车，让全球车迷不至于太过失望。

5. 意大利都灵车展

意大利都灵车展规模不大，但由于意大利的汽车外形设计领导国际汽车工业的潮流，再加上展品多属当今汽车设计大师的杰作，并多为外形前卫的概念汽车，因此，该车展也具有很大的影响力和很高的欣赏性，是汽车未来设计的最佳"预览"窗口。

6. 北美国际车展

北美车展始于 1907 年，至今已有一百多年的历史，一般在每年的年初举行，是世界上历史最长的国际汽车展览会。北美国际汽车展前身是原美国底特律国际汽车展览会，1989年才正式更名为北美国际车展，由底特律汽车经销商协会主办。北美车展吸引公众的不仅在于其每次总能展出四五十辆新车，还在于车展办得像个大的假日集会，吃喝玩乐应有尽有、热闹非凡。近年来，每次车展都能为密歇根州进账 5 000 万美元以上。

在 20 世纪 70 年代以前，美国的汽车市场主要是自给自足，所以该车展曾被认为是"国内展"，不具国际性。但现在美国已成为世界上最大的汽车进口市场，参加底特律车展的汽车公司也越来越多，规模和影响也越来越大，有人将它与法兰克福车展、东京车展并称为世界三大车展。

7. 法国巴黎车展

法国巴黎车展起源于 1898 年的国际汽车沙龙会，1976 年开始每年举办一届，在当年的 9 月底至 10 月初举行。展览场地面积近 250 000 m^2，分 8 个展馆，分别展出乘用车、商用车、特种车、老爷车以及汽车零部件，甚至包括生产作业中使用的电车。巴黎车展颇具本土色彩，过去，展品多为法国车和欧洲车，近几年来美国车和日本车也日渐增多，每次参加该车展的厂商有 1 000 多家。作为浪漫之都的巴黎，它的车展如同时装，争奇斗艳。法国的汽车设计一向以新颖独特著称于世，总是在追求最别具一格的车形、风一般的速度和最舒适的车内享受，这些法国人的嗜好，都在巴黎车展中显露无遗，使得巴黎车展始终围绕着"新"字做文章。与此同时，巴黎车展也是概念车云集的海洋，各种新奇古怪的概念车常常使观众眼前一亮。

二、概念车

1. 什么叫概念车

概念车由英文 Conception Car 意译而来，它不是将投产的车型，只是向人们展示设计人员新颖、独特和超前的构思而已。

概念车是汽车中内容最丰富、最深刻、最前卫以及最能代表世界汽车科技发展和设计水平的汽车。世界各大汽车公司都不惜巨资研制概念车，借以向公众显示本公司的技术进步，提升自身形象。

2. 概念车分类

通常概念车分为两种，一种是能跑的真正汽车，另一种是设计概念模型。

第一种比较接近于批量生产，其先进技术已步入试验并逐步走向实用化，因而一般在 5 年左右可成为公司投产的新产品。

第二种汽车虽是更为超前的设计，但因环境、科研水平和成本等原因，只是未来发展的研究设想。

3. 概念车展示

历届车展概念车繁多（见图 7-4-6，图 7-4-7）。

图 7-4-6　奥迪 REQ 概念跑车

图 7-4-7　宝马概念车

知识库

北京国际汽车展览会（北京车展）

北京国际汽车展览会简称北京车展，两年举办一届，每逢双年在中国国际展览中心举行，是中国四大车展之一，北京车展是有国际影响力的汽车展会。

广州国际汽车展览会（广州车展）

广州国际汽车展览会简称广州车展，创办于 2003 年，每年 11 月在广州交易会琶洲会馆举办，广州汽车展览会已通过世界汽车工业国际协会认证。广州国际汽车展是中国四大车展之一，规模和影响力排名国内汽车展览会第二位。

上海国际汽车工业博览会（上海车展）

上海国际汽车工业博览会简称上海车展，创办于 1985 年，车展在上海国家会展中心举办，经过 30 多年的发展，上海车展已经成为亚洲最大的车展，也是世界十大知名车展之一。上海车展是中国第一个被 UFI 认可的汽车展，每届车展吸引全球知名汽车品牌参展。

成都国际汽车展览会（成都车展）

成都国际汽车展览会于每年 8 月份在中国西部国际博览城举行，展会一年一届，成都车展是西部最大的汽车展会，首届展会于 1998 年创办，目前，成都车展已经成为中国四大车展之一。

拓展提升

一、拓展任务

时代在进步，科技在发展，汽车技术不断攀越技术的高峰，汽车文化也逐渐深入人心。车展是先进的象征，是最新科技的体现。汽车展览不仅仅是技术的交流，也是汽车未来发展的风向标。

二、拓展训练

1. 想一想，将来的汽车展上会出现什么样的汽车？
2. 搜集历届车展的主题。

探寻反思

探寻完本次课程后，您有何感想，请填写下表。

汽车展览
一、学习目标：这节课的学习达到您期望的水平了吗？您满意吗？
二、学习内容：本次探寻有哪些问题没有解决？为什么？或者让您觉得不足的地方在哪里？
三、学习过程：本次探寻中有哪些精彩瞬间，您最满意的地方或者让您最兴奋的地方在哪里？
四、学习方法：如果让您重新探寻本次课程，您会怎样学习？有什么新想法吗？

参考文献

[1] 金国栋,唐新蓬. 汽车概论(第2版)[M]. 北京:机械工业出版社,2010.

[2] 赵辉. 汽车概论[M]. 北京:中国财富出版社,2012.

[3] 陈家瑞. 汽车构造(第3版)[M]. 北京:机械工业出版社,2009.

[4] 李书江. 汽车文化与概论[M]. 西安:西安交通大学出版社,2014.

[5] 王家青,孟华霞,陆志琴. 汽车底盘构造与维修(第4版)[M]. 北京:人民交通出版社,2021.

[6] 许崇霞. 汽车电器设备构造与维修[M]. 济南:山东大学出版社,2011.

[7] 宋孟辉,贾宝峰. 汽车美容与保养(第3版)[M]. 北京:人民邮电出版社,2014.

[8] 周燕. 汽车美容与装饰(第3版)[M]. 北京,机械工业出版社,2011.